CONGRÈS DE LA PROPRIÉTÉ BATIE DE FRANCE
LYON 1894

SECTION VI

LES

LOGEMENTS A BON MARCHÉ

RAPPORT

PAR

M. G. DE CASTERAN
Docteur en droit. Avocat.

LYON
IMPRIMERIE DU SALUT PUBLIC
71, Rue Molière, 71

1894

CONGRÈS DE LA PROPRIÉTÉ BATIE DE FRANCE

LYON 1894

SECTION VI

LES

LOGEMENTS A BON MARCHÉ

RAPPORT

PAR

M. G. DE CASTERAN

Docteur en droit. Avocat.

LYON

IMPRIMERIE DU SALUT PUBLIC

71, Rue Molière, 71

1894

INTRODUCTION

La question que nous nous proposons de traiter s'est appelée longtemps « *la question des habitations ouvrières* ». Primitivement, en effet, elle avait pour objet unique l'amélioration du logement des ouvriers. On s'est aperçu plus tard que les ouvriers n'étaient pas les seuls à avoir besoin d'habitations salubres, suffisamment confortables et d'un prix accessible. Un grand nombre d'employés, qui ne se livrent pas à un travail manuel, ne reçoivent souvent qu'un traitement équivalent ou peu supérieur au salaire de beaucoup d'ouvriers. Ces employés ont cependant, soit à raison de la catégorie sociale à laquelle ils appartiennent, soit à raison des exigences de leur profession, des besoins supérieurs à ceux des ouvriers. D'autre part, l'heure de la retraite marque, pour beaucoup d'entre eux, une diminution notable de revenus. Il était donc naturel de leur faire une place dans les préoccupations des philanthropes qui cherchent à améliorer la condition des travailleurs sur un point des plus importants.

De là, l'adoption du nouveau vocable de la question. Par sa généralité, il montre que les efforts faits pour la résoudre visent tous ceux auxquels la modicité de leurs ressources ne permet pas de consacrer au logement une somme d'une certaine importance.

L'idée de cette transformation a été émise au sein du Conseil supérieur du travail, en 1892. Le Sénat s'y est rallié quand il a eu à s'occuper d'un projet de loi déjà voté par la Chambre des députés sous le titre de : « *Projet de loi relatif aux habitations ouvrières.* »

*
* *

La question des logements à bon marché est l'une des plus intéressantes parmi les questions sociales.

Elle n'est pas une des plus bruyantes ; aucun agitateur ne l'a, en effet, choisie, jusqu'ici, pour en faire le marche-pied de sa réputation politique. Si quelque théoricien du socialisme en a parlé, c'est pour en critiquer le principe et l'application.

On reproche, en apparence, à la maison ouvrière, de restreindre la liberté de l'ouvrier et de tendre à séparer les catégories sociales par le signe apparent de l'habitation. Au fond, on y voit surtout un moyen de supprimer l'un des arguments qui servent à allumer et à entretenir la guerre sociale. C'est pour cela que les socialistes ne l'aiment pas.

Si la question n'a pas été discutée dans les réunions publiques, elle est depuis longtemps, ce qui vaut mieux, l'objet des études d'un grand nombre de sincères amis des classes laborieuses. L'initiative privée, se manifestant sous des formes multiples, s'est appliquée à faire passer leurs conceptions dans le domaine de la réalité ; ses efforts ont abouti à des résultats qu'on ne peut s'empêcher d'admirer, même quand on compare leur portée restreinte avec la grandeur de la réforme à opérer.

C'est surtout le problème des habitations ouvrières à la campagne, autour des usines ou des exploitations industrielles, qui a été creusé. Celui du logement à bon marché dans les villes a été abordé beaucoup plus tard.

Les essais qui ont été faits pour le résoudre sont encore relativement peu nombreux ; toutefois ils paraissent entrer actuellement dans une voie de fécond développement. Une association de propagande, créée en 1890, sous le titre de « *Société française des habitations à bon marché* », s'est donné pour tâche d'apporter aux hommes dévoués qui s'en occupent le concours de son autorité et de l'expérience acquise par les personnalités éminentes à des titres divers qui la composent.

Sous l'influence du courant d'idées qui tend à provoquer l'intervention de l'Etat dans toutes les questions, on a songé à demander son aide pour le développement des habitations ouvrières. Un projet de loi, déposé sur le bureau de la Chambre des députés par M. Siegfried, l'un des promoteurs les plus convaincus et les plus autorisés de l'institution, a consacré le principe de cette intervention, mais en la limitant à une mission d'encouragement et de patronage. De plus, il a apporté d'intéressantes modifications à divers principes de notre droit, en vue de favoriser l'acquisition et la conservation des logements à bon marché.

*
* *

Notre sujet offre ce caractère particulièrement attachant de pouvoir se suffire à lui-même. La plupart des problèmes sociaux soulèvent de si grandes difficultés, que l'on constate bientôt, quand on les étudie, l'inévitable nécessité de recourir à l'Etat pour obtenir de lui l'aide d'une contrainte légale vis-à-vis des intéressés ou des tiers, ou la contribution des ressources du Trésor public.

Il s'agit ici, au contraire, d'un service qui doit être recherché par les intéressés et qui peut être rémunéré par eux dans des limites suffisantes. Il n'est pas question d'imposer à telles ou telles personnes des sacrifices sans compensation, sur le fondement plus ou moins contestable d'un devoir social de solidarité qui rendrait la charité obligatoire. En dehors des raisons de sentiment ou de philanthropie, il y a des motifs d'intérêt qui peuvent amener les capitalistes à s'occuper de la construction de maisons à bon marché, par l'attrait d'une affaire sûre et suffisamment productive. Les centaines, les milliers de maisons construites en divers pays et qui ont souvent fait l'objet de bonnes opérations financières sont là pour en témoigner.

*
* *

La situation actuelle des logements ouvriers est, en général, des plus mauvaise. Les ouvriers paient souvent très cher un logis où l'espace, l'air et la lumière leur sont parcimonieusement mesurés. Nous ne parlerons pas des précautions d'hygiène : elles sont universellement négligées.

Les enquêtes faites à diverses époques ont permis de se rendre compte de l'étendue du mal. D'intéressantes études ont vulgarisé les constatations relevées au cours de ces enquêtes où l'on découvrait, à chaque pas, des faits aussi contraires à l'hygiène qu'à la moralité. L'entassement des individus dans d'étroits locaux amenait une déplorable promiscuité dans la vie de famille. Le défaut de lumière, d'air et d'eau, l'évacuation incomplète des résidus de la vie exerçaient la plus funeste influence sur la santé des habitants et faisaient de leurs personnes une proie facile pour les maladies épidémiques, dont les germes se conservaient ensuite longtemps dans des locaux mal assainis. Enfin la tristesse et l'incommodité des logements poussaient les divers membres de la famille à aller au dehors, et surtout au cabaret, chercher un milieu moins déplaisant, mais dans lequel se perdaient rapidement les traditions du foyer.

Ces inconvénients, ces dangers, se sont produits dès que les premières agglomérations ouvrières se sont constituées dans les villes. L'afflux de la population rurale dans les grandes villes, la création rapide de grands centres industriels à la campagne, phénomènes relativement modernes, ont donné à la question un relief plus saisissant et une plus grande actualité.

M. Georges Picot, l'éminent rapporteur de la section XI de l'Exposition d'Economie sociale en 1889 (Habitations ouvrières), a très bien expliqué, dans son rapport, les dangers qui se révèlent dans les grandes agglomérations, urbaines ou rurales, au point de vue du logement ouvrier. M. Picot a condensé dans ce travail le résultat des belles et nombreuses études qu'il a faites sur notre question. Toutes les difficultés d'ordre moral ou d'ordre économique qu'elle peut soulever y sont traitées avec une élévation de vues, une science du cœur humain et une sûreté d'analyse des phénomènes sociaux qu'on ne saurait trop admirer. L'espace restreint dont nous disposons ne nous permet pas, malheureusement, d'en reproduire les intéressants développements sur le point que nous avons indiqué tout à l'heure. Nous ne pouvons qu'y renvoyer le lecteur. Nous en retiendrons seulement cette observation que le prix des logements ouvriers ne paraît pas être soumis à la loi générale de l'offre et de la demande. On a beau construire, dans les villes, un nombre de maisons nouvelles qui paraît suffisant pour absorber le surplus annuel de population : les ouvriers ne voient s'améliorer leur situation ni dans le sens du bon marché ni dans celui de l'assainissement. Le prix des logements n'est pas influencé par la concurrence. Son effet se fait sentir lorsqu'il s'agit de marchandises identiques, accumulées en un lieu où elles se débitent ; il se produit alors une hausse ou une baisse correspondante à la rareté. Les loyers, au contraire, reposent sur des centaines de maisons diversement situées ; ils ne sont discutés ni dans une bourse ni dans un marché, mais en tête à tête entre un ouvrier pressé de ne pas perdre sa journée et un logeur habile qui profite de l'impatience inexpérimentée du locataire.

Cette situation fait bien ressortir la nécessité d'œuvres ayant pour objet d'offrir aux ouvriers une habitation convenable, sans aucune arrière-pensée de spéculation abusive.

*
* *

Notre tâche consiste à donner un rapide aperçu des efforts tentés dans ce sens et à insister surtout sur les projets de réforme conçus récemment pour les rendre plus efficaces.

*
* *

En pareille matière, on peut se proposer ou bien d'améliorer ce qui existe, ou bien de faire du nouveau.

La loi française du 13 avril 1850, sur les logements insalubres, rentre dans le premier ordre d'idées. L'autorité municipale peut imposer, aux propriétaires de locaux reconnus insalubres par une Commission spéciale, l'obligation de faire les travaux nécessaires pour les assainir, et frapper ces locaux d'interdit jusqu'à ce que les travaux prescrits aient été exécutés. Le droit d'expropriation peut être mis en œuvre à l'égard des locaux qui ne peuvent pas être assainis.

En Angleterre, on signale l'exemple de certains particuliers qui ont acheté des maisons ouvrières insalubres et les ont fait réparer pour les relouer ensuite. Il existe d'ailleurs dans ce pays une législation relative aux logements insalubres qui est de nature à produire un grand bien, si elle est appliquée avec énergie. Elle se compose d'une série de lois, promulguées de 1861 à 1881, et qui sont venues se fondre dans la loi du 18 août 1890. Les municipalités anglaises tiennent de cette loi des pouvoirs bien plus étendus que ceux dont notre loi de 1850 a armé les municipalités françaises. Elles ont le droit de prendre les mesures nécessaires pour l'assainissement des maisons ou des îlots de maisons insalubres. Le plan d'amélioration doit ménager un logement aux familles qui se trouvent sans asile par suite des travaux ordonnés ou de l'expropriation réclamée. Enfin, la loi autorise les pouvoirs locaux à construire des maisons ouvrières. Elle détermine les ressources (taxes ou emprunts) au moyen desquelles les améliorations seront réalisées.

*
* *

L'amélioration de ce qui existe n'est, en somme, qu'un palliatif; son effet est nécessairement limité. Elle ne crée pas de nouveaux locaux et ne peut pas faire disparaître, d'une manière absolue, les inconvénients des anciens. Pour réaliser un véritable progrès, il faut faire du neuf ; et alors il est permis de se demander si la petite maison où le travailleur établirait son ménage et dont il serait locataire, ou dont il deviendrait propriétaire par des combinaisons d'épargne et d'amortissement, ne pourrait pas venir à bout des désordres de la campagne et de l'encombrement autour des usines plus ou moins isolées ; si, d'autre part, les logements loués dans des maisons à étages, construites économiquement par des combinaisons de bienfaisance ou de coopération immobilière, ne pourraient pas se substituer peu à peu aux pièces sordides, insalubres et chères des logeurs de profession dans les grandes villes.

*
* *

Voilà le problème posé ; indiquons dès à présent les idées générales qui le dominent.

Les maisons qui peuvent être construites sont ou des maisons individuelles avec ou sans jardin, ou des maisons collectives.

Le constructeur doit choisir entre ces deux types. La maison individuelle avec jardin est le type préféré en théorie. On ne peut guère l'adopter pour les grandes villes à cause du prix élevé des terrains, et on est alors réduit à la maison collective, dont il est permis d'ailleurs d'atténuer les inconvénients par des dispositions habiles tendant à assurer l'isolement de chaque locataire, tout en lui fournissant abondamment de l'air et de la lumière.

Le constructeur de maisons à bon marché peut obéir à une pensée de philanthropie ou chercher à réaliser une spéculation.

Nous n'avons rien à dire sur le premier point, sinon que la philanthropie, réduite à ses propres forces, ne peut pas résoudre le problème d'une manière suffisante. La spéculation seule est capable de réaliser l'effort nécessaire. Pour cela, il est à désirer que les capitaux consentent à se tourner vers les entreprises de constructions à bon marché. Ils ne le feront que si ces entreprises leur procurent une rémunération suffisante, en proportion avec le taux de l'intérêt de l'argent. M. Picot revient souvent dans son rapport, et avec raison, sur l'idée que nous énonçons. La philanthropie peut faire quelque chose. L'intérêt fera plus encore.

L'expérience démontre enfin que le succès en cette matière dépend en grande partie des économies réalisées sur la construction. On doit donc s'attacher à diminuer le prix de revient par d'ingénieuses combinaisons dans l'emploi des matériaux.

*
* *

Il nous reste maintenant à entrer dans l'exposé des faits.

Nous le diviserons en deux parties :

Dans la première, nous exposerons succinctement la situation actuelle ; dans la seconde, nous étudierons les réformes proposées. Dans l'examen de la situation actuelle, nous nous placerons surtout au point de vue des initiatives diverses qui peuvent présider à la construction de maisons à bon marché. Nous verrons que la maison à bon marché est d'origine *capitaliste* ou d'origine *ouvrière*. Dans la première, l'idée de l'*emploi de capitaux en immeubles* est dominante. Dans la seconde, l'idée de *crédit* et d'*association* est la plus importante.

PREMIÈRE PARTIE

ÉTAT ACTUEL DE LA QUESTION

CHAPITRE I.

Les Maisons construites par des Capitalistes

Les capitalistes qui pensent à élever des maisons à bon marché peuvent être :

1° Un chef d'industrie qui veut loger convenablement ses ouvriers.

2° Un philanthrope.

3° Un capitaliste cherchant un emploi pour ses capitaux. (simple particulier ; établissement de bienfaisance ou de prévoyance ; société immobilière).

Dans le premier cas, la maison à bon marché apparaît comme une œuvre de *patronage;* dans le second, comme une œuvre de *bienfaisance;* dans le troisième, comme un fait de *spéculation* plus ou moins empreint d'une pensée de philanthropie.

Nous allons examiner rapidement ces différentes hypothèses, en signalant à propos de chacune d'elles les faits ou les questions les plus intéressants.

Section I.

LES MAISONS CONSTRUITES PAR DES PATRONS

Les patrons qui se sont préoccupés de l'amélioration du logement de leur personnel ont généralement adopté le type de la maison individuelle avec jardin.

Les premières manifestations de cet intérêt remontent assez haut ; elles se sont produites, au commencement de ce siècle, dans les charbonnages belges. Les puits d'extraction de la houille étant le plus souvent ouverts en pleine campagne, il fallait offrir aux mineurs un abri rapproché du siège de l'exploitation. Telle est la raison du fait que nous venons de constater.

L'exemple donné en Belgique a été imité, par la suite, dans la plupart des pays et par les chefs des industries les plus diverses. On peut, pour notre pays, relever les essais de la société de Blanzy et ceux d'André Kœchlin, à Mulhouse, en 1834 et 1835.

Les patrons qui logent leurs ouvriers ont le choix entre trois systèmes pour régler leurs rapports avec ceux-ci, savoir :

La concession gratuite ;

La location ;

La vente par annuités.

Le système de la concession gratuite a été mis en usage dans un certain nombre de cas ; l'expérience a démontré qu'il ne pouvait réussir que dans les exploitations où régnait une entente complète entre patrons et ouvriers. Quand il en est autrement, la concession, d'abord acceptée avec plaisir parce qu'elle est avantageuse, ne tarde pas à être regardée avec défaveur : on lui reproche d'établir la subordination de l'ouvrier au patron. L'ouvrier est porté à la considérer comme une atteinte portée à son indépendance, et il préfère payer pour affirmer sa liberté.

Les patrons n'auront donc à choisir, le plus souvent, qu'entre la location et la vente par annuités.

En pratique, c'est le système de la location qui est préféré. Il permet au patron de conserver la haute-main sur son œuvre et respecte la liberté de l'ouvrier. Le système de la vente soulève de nombreuses difficultés que nous retrouverons quand nous nous occuperons des maisons construites par des capitalistes autres que des patrons.

Nous ne pouvons pas exposer ici, même en abrégé, les nombreux et intéressants efforts tentés par les patrons en vue de l'amélioration du logement de leurs ouvriers. M. Picot a résumé dans son rapport, les éléments des entreprises les plus remarquables. Le lecteur pourra se référer à ce beau travail. Il importe seulement de constater que dans la grande majorité des cas, les patrons n'ont pas réalisé de bénéfices ; quelquefois même, ils ont été en perte. Aussi on a pu dire que, d'une manière générale, la grande industrie avait très bien compris et mis en pratique les devoirs qui lui incombaient envers ses ouvriers (1).

Section II.

LES MAISONS CONSTRUITES PAR DES CAPITALISTES AUTRES QUE DES PATRONS

Après avoir donné quelques rapides indications à propos des maisons construites par les patrons, occupons-nous de celles dont l'édification est due à des philanthropes, à des établissements charitables ou de prévoyance ou à des sociétés de spéculateurs.

---

(1) M. Picot cite, dans son rapport, deux essais faits par de grands propriétaires fonciers en faveur des ouvriers agricoles. — Le comité des travaux historiques et scientifiques, (Section des sciences économiques et sociales) vient de publier une *Enquête sur les conditions de l'habitation en France*. La préface de l'ouvrage est due à M. de Foville

Les exemples les plus remarquables de philanthropes qui se sont interessés à l'amélioration des logements ouvriers, sont ceux de Peabody, en Angleterre, de MM. Heine, en France.

Peabody a donné à la Cité de Londres 12.500.000 francs destinés à être employés à la construction de maisons pour les travailleurs. Ce capital a été confié à une commission chargée de l'employer suivant les vues du donateur. La première des cités ouvrières construites avec ses libéralités fut ouverte en 1864 dans le quartier de Spitafield sous le nom de « *logements de Peabody* » (Peabody Dwellings) (1).

Nous retrouverons plus loin l'œuvre due à la générosité de MM. Heine.

Les constructeurs de cette catégorie ont à se préoccuper de deux questions :

Quel type de maison faut-il choisir ? (individuel ou collectif).

Faut-il à l'égard des maisons individuelles, adopter le système de la location ou celui de la vente par annuités ?

Nous avons déjà donné la réponse à la première question.

La seconde demande quelques développements.

Au premier abord, le système de la vente paraît séduisant. Il fait l'ouvrier maitre de son *home;* il lui donne la tranquillité et l'assurance qu'engendrent la possession d'un immeuble et aussi la situation sociale qui en découle. L'Etat lui-même, paraît intéressé à voir s'accroître sans cesse l'armée des propriétaires, qui est sa meilleure défense contre les tentatives de bouleversement social. Il y a malheureusement quelques ombres à ce tableau.

L'acquisition d'une maison est chose grave pour un ouvrier. Elle lui impose de lourdes charges pendant sa vie. Avec la longueur de la période d'amortissement, il ne devient guère propriétaire qu'au moment où s'approche pour lui l'heure de la retraite. Arrivé à la période d'invalidité, il peut se trouver réduit à l'impuissance avec une maison qui aura absorbé le plus clair de ses économies. N'ayant pas d'avances, il doit suffire à son existence en même temps qu'aux charges de la propriété. Enfin, après sa mort, l'application des lois sur le partage peut être pour ses héritiers une cause de ruine. D'autre part, les théoriciens du socialisme reprochent à la maison ouvrière de neutraliser la liberté de l'ouvrier en l'attachant à un patron et à une localité déterminés (2).

Sans entrer dans l'examen complet de la question, ce qui nous entraînerait trop loin, nous dirons qu'elle ne peut pas être résolue d'une manière absolue.

---

(1) Voir sur cette fondation une étude dans le *Bulletin de la Société française des habitations à bon marché,* 1891, p. 185.

(2) Voir le compte-rendu de la séance du Conseil supérieur du travail, du 30 juin 1892.

Il faut examiner avec soin les différents aspects d'une situation donnée et adopter la solution la plus opportune. Mais s'il était nécessaire d'indiquer la solution préférable en principe, nous nous déciderions pour la location ; elle concilie en effet tous les intérêts en présence.

La pratique nous offre des essais variés dans les deux sens. Notons seulement qu'en Angleterre, certaines sociétés ont reconnu qu'elles avaient intérêt à ne plus vendre les maisons qu'elles construisaient, et ont cherché à racheter les maisons déjà aliénées. La location a l'avantage de conserver indéfiniment aux maisons leur caractère propre en empêchant les logeurs d'y exercer leur industrie et en permettant au propriétaire d'en exclure les débitants de boissons.

Nous verrons cependant plus loin la faveur qu'ont rencontrée les associations ouvrières ayant pour but de faciliter à leurs adhérents l'acquisition de petites maisons. De là naît la question de savoir pourquoi ce qui est un mal ici peut devenir un bien ailleurs.

M. Picot explique de la manière suivante cette contradiction.

Si l'acquisition d'un immeuble est de nature à causer beaucoup de difficultés à l'ouvrier, cela ne veut pas dire que l'accès de la propriété doive lui être interdit. Cela veut dire qu'il faut absolument que son initiative demeure entière afin de ne jamais pouvoir faire tomber ni sur une personne autre que lui, ni sur une action étrangère quelconque la responsabilité de la résolution qu'il aura prise.

Or, placer ses épargnes en une petite maison, ce n'est pas, pour l'ouvrier, la même chose que de subir une retenue au profit d'un étranger, pour devenir propriétaire de la maison qu'il habite.

Voilà la raison de la différence et on voit qu'elle est d'ordre purement moral. Dans les deux cas, le résultat est le même ; mais dans l'un, il est obtenu par une certaine contrainte qui peut servir de prétexte à des récriminations ; dans l'autre, il est produit par un acte purement volontaire, qui laisse à l'ouvrier l'entière responsabilité de ce qu'il fait.

L'ouvrier n'aime pas la contrainte ; il est actuellement de plus en plus porté à éviter même l'apparence de l'intervention d'une influeuce étrangère dans ses affaires. Les progrès de cette tendance ont amené les patrons à modifier sur bien des points le mode de réalisation de leurs projets bienveillants à l'égard des ouvriers. Notre question en est un exemple. A la concession gratuite du logement qui marque la période patriarcale des rapports entre patrons et ouvriers a succédé le système de la location ou celui de la vente. Pour répondre au vœu de liberté des ouvriers, les patrons ont été amenés ensuite à ne plus s'occuper de bâtir des maisons et à se borner à prêter les fonds pour la construction de leur demeure par les intéressés eux-mêmes. Enfin on a trouvé que le prêt individuel donnait encore une situation trop prépondérante au patron et on l'a remplacé par le prêt à des associations d'ouvriers dans lesquelles viennent se fondre les personnalités de leurs adhérents de telle sorte que l'action du patron vis-à-vis de chacun d'eux est anéantie pour ainsi dire.

Nous allons examiner successivement les efforts qui se sont produits, en nous plaçant soit au point de vue du type des maisons construites, soit au point de vue du but des constructeurs.

§ I. *Petites maisons destinées à être vendues.*

L'honneur de l'initiative première du mouvement de construction de maisons destinées à être vendues revient à Jean Dollfus.

Il fut en effet, le promoteur de la *Société Mulhousienne des cités ouvrières*. Cette Société était une association de patrons, ayant pour but l'accomplissement en commun de l'œuvre de l'amélioration du logement ouvrier. Constituée au capital de 355,000 francs fourni par 71 actionnaires, elle a construit de 1851 à 1888, 1,124 maisons valant 3,485,275 francs. Le capital a régulièrement rapporté un intérêt de 4 0/0.

Les locataires des maisons devenaient propriétaires en 15 ans, en ajoutant une prime modique (6 fr.) à leur loyer mensuel.

L'exemple de la Société de Mulhouse, imité en Belgique par certains bureaux de bienfaisance (Wavre, Nivelle) resta longtemps isolé en France malgré les efforts faits par M. Cacheux pour le populariser. M. Cacheux éleva, sur divers points de la périphérie de Paris, des maisons du type Mulhousien en variant leur disposition (1).

En 1866, fut fondée la *Société anonyme des maisons ouvrières d'Amiens*. Quelques années après, d'autres sociétés du même genre se constituèrent successivement (Paris-Auteuil, Le Havre, 1872; Orléans 1879 ; Rouen 1887; Entreprises de la *Société Naud et Cie*, aux Moulineaux, et de la *Société des Immeubles de France* à Paris, quartier des Buttes-Chaumont, 1891, etc.).

La Caisse d'épargne des Bouches-du-Rhône, d'autre part, a cherché à démontrer qu'on pouvait sans danger employer certaines portions de la fortune des Caisses d'épargne, à la construction de maisons ouvrières et faire retourner par là, à des applications nouvelles de la prévoyance, au profit du peuple honnête et laborieux, une partie des économies réalisées par ce peuple.

Le distingué président de son Conseil de direction, M. Eugène Rostand, a été pour beaucoup dans l'initiative qu'elle a prise. On sait

(1) L'exemple le plus ancien de ce genre de constructions est peut-être l'entreprise de M. Valladon, en 1848. M. Valladon fit établir à cette époque, à Paris, un passage qui porte son nom et le borda de petites maisons destinées à être vendues par annuités.

que M. Rostand poursuit depuis longtemps une campagne tendant à obtenir pour les Caisses d'épargne une plus grande liberté pour le placement de leurs fonds. Il a saisi l'occasion de donner à ses théories la sanction de la pratique.

Autorisée par des décrets de 1888, 1889 et 1892, la Caisse d'épargne des Bouches-du-Rhône a pu construire au quartier de *la Capelette*, des maisons de famille louées avec faculté d'achat ; elles comprennent aujourd'hui en tout 106 logements et ont coûté 465,000 fr.

Nous retrouverons plusieurs fois encore au cours de cette étude le nom de M. Rostand qui a été, à Marseille, le promoteur infatigable de l'amélioration du logement des ouvriers ; il a mis en œuvre tous les procédés auxquels on peut recourir dans ce but, et ses efforts se trouvent décrits dans le beau livre qu'il a fait paraître sous le titre : *L'Action sociale par l'initiative privée*.

§ II. *Petites maisons destinées à être louées*

C'est surtout en Belgique et en Angleterre que l'on rencontre des entreprises de ce genre.

Les Bureaux de bienfaisance d'Anvers et de Mons, ont réalisé des opérations très intéressantes dans lesquelles ils se sont proposé, non seulement d'améliorer le logement du travailleur, mais encore de prévenir ou de supprimer l'indigence.

A Anvers, on prend de préférence pour locataires des familles d'ouvriers qui, faute d'un logement sain, pourraient tomber à la charge du bureau. Le Bureau de bienfaisance de Mons recrute sa clientèle parmi les indigents secourus par lui, en donnant la préférence aux familles ayant de nombreux enfants. Il a accompli ce tour de force, dit M. Picot, de louer des logemements à un prix accessible et d'en retirer un intérêt presque commercial, 4 1/2 0/0. En 1889, il possédait 50 maisons d'un prix de revient de 2,500 francs, en moyenne, et louées 130 francs, prix moyen. Sur les 37 premiers locataires, qui étaient tous inscrits au Bureau lors de leur entrée, 6 seulement recevaient encore des secours en 1889.

En Angleterre, la construction de petites maisons pour les louer est surtout le fait de grandes sociétés qui, tout en poursuivant d'abord un but de spéculation, ont réalisé en même temps une œuvre sociale très importante.

Ce succès peut être attribué, en partie, au caractère de la population anglaise qui aime l'habitation individuelle et n'a pas, comme la population française, l'habitude de vivre agglomérée.

Les sociétés de construction ont contribué à peupler les environs de Londres d'un très grand nombre de maisons accessibles aux ouvriers et employés à cause de la multiplicité et de la commodité des moyens de transport. Depuis 1867, fonctionne la Compagnie générale des habitations ouvrières (*Artizan's Labourer's and general dwellings Company*). Son capital initial de 6 millions a été porté à 31 millions en 1879 et à 43 millions en 1884.

Elle a acquis de vastes terrains aux environs de Londres, créé trois parcs et bâti 6,600 maisons. Le prix de revient a varié de 6,000 à 8,000 francs. Les loyers, payables par semaine, varient de 360 à 830 francs.

Enfin, les actionnaires reçoivent 5 0/0.

C'est, dit M. Picot, la plus vaste opération de ce genre. Son succès financier contient le secret de son énorme développement. Les capitaux vont où ils pensent trouver sûreté et profit. La Société de Londres offrait ces deux garanties ; aussi elle a réussi et son exemple a provoqué un très grand nombre d'imitations.

§ III. *Maisons collectives dans l'intérieur des villes*

Nous avons dit plus haut que ce type d'habitation était le type urbain par excellence, parce que seul il permettait de surmonter les difficultés spéciales que l'amélioration du logement ouvrier offre dans les villes, à savoir : l'agglomération des individus sur un espace restreint et le prix élevé des terrains ou de la construction.

C'est à l'Angleterre que revient l'honneur de l'initiative d'une réforme en ce sens.

Vers 1865, l'opinion publique s'était émue du mauvais état des logements ouvriers, et avait compris la nécessité de cette réforme. Le prince Albert et les plus influentes personnalités du Royaume-Uni se mirent à la tête du mouvement de transformation. En dépit de ce haut patronage, les capitalistes se montraient rétifs : l'entreprise était nouvelle. D'autre part, les intéressés se montraient méfiants : les maisons dont on leur parlait leur faisaient l'effet de prisons.

Malgré tous les obstacles, cependant, l'idée faisait son chemin. Une association fondée sous le nom de *Métropolitan Association* construisait les premiers types. La première maison fut inaugurée en 1848. Avec un capital de 6,000,000 de francs, la société créa 1,257 logements, contenant 6,000 personnes ; les actionnaires ont reçu 5 1/4 0/0.

En 1883, une nouvelle Société se forma et appliqua à la construction des logements ouvriers les principes d'un philanthrope, sir Sydney Waterlow, qui a joué, en Angleterre, pour les maisons collectives, un rôle d'initiateur analogue à celui de la Société Mulhousienne en France, pour les maisons individuelles.

Sir Sidney Waterlow se proposa d'améliorer l'aménagement des maisons, tout en réduisant les frais de construction. Dans l'aménagement, il fallait assurer le plus strict individualisme et s'arranger de manière à ce que chaque locataire trouvât dans son appartement toutes les installations nécessaires à la satisfaction de ses divers besoins. Les balcons intérieurs, les longs et sombres corridors devaient être exclus. Chaque logis devait ouvrir sur un palier de l'escalier comme dans les maisons bourgeoises. Enfin, il fallait s'attacher à rendre les logements aussi séduisants et agréables que possible.

La Compagnie des logements perfectionnés d'ouvriers (*The improuved industrial dwellings Company*) s'efforça d'appliquer ces principes. Son capital, fixé à l'origine à 1,250,000 francs, s'éleva par la suite à 12,500,000 francs. Elle a dépensé, avec des emprunts, 27 millions de francs.

L'opération à pleinement réussi. Elle marche très régulièrement et n'a pour ainsi dire pas de non-valeurs. Les associés ont reçu 6 0/0.

Ces maisons s'adressent à une catégorie d'ouvriers qui jouit de salaires assez élevés et réguliers. Les ouvriers les plus pauvres ne peuventpas en profiter. Les maisons construites avec la fondation Peabody s'adressent plutôt à eux. Les loyers sont inférieurs d'un cinquième environ à ceux des maisons dont nous avons parlé en premier lieu. Construites d'après les principes généraux posés par sir Sidney Waterlow, elles offrent un aménagement intérieur moins soigné que celui des constructions de la Société de logements perfectionnés d'ouvriers.

En résumé, on estime que le capital employé à Londres en maisons ouvrières est de 145 millions. Le nombre des familles logées atteint 25.000 environ, avec 120.000 personnes. Les capitalistes ont reçu 5 0/0.

Si nous passons à notre pays, nous constaterons que pendant longtemps il ne s'y est produit aucun effort tendant à imiter l'exemple donné par l'Angleterre. Avant les transformations subies par les grandes villes, les ouvriers habitaient dans les étages supérieurs des maisons bourgeoises. Chassés par la démolition des anciens quartiers, ne trouvant pas de place dans les maisons nouvelles, ils devaient refluer vers les quartiers pauvres ou excentriques et s'entasser dans des maisons insalubres.

On ne peut relever, dans une assez longue période d'années, que des tentatives isolées dues à des philanthropes (MM. de Madre, Cacheux, etc.). Peu de temps après son arrivée à la Présidence de la République, le Prince Louis-Napoléon fondait une cité ouvrière (58, rue Rochechouart). C'était une grande maison avec cour plantée, spécialement destinée aux ouvriers célibataires du quartier, auxquels on offrait des chambres séparées, saines et commodes, à un prix très abordable. L'expérience ne réussit pas. Les ouvriers s'éloignèrent de cette cité, qualifiée de *Caserne*, craignant d'aliéner leur liberté en allant s'y établir. Cet insuccès détermina le Prince Louis-Napoléon devenu Empereur à abandonner toute initiative comme constructeur et à se borner à affecter par des décrets des 27 janvier et 17 mars 1852, une somme de 10 millions de francs à favoriser l'amélioration des logements ouvriers sous forme de subventions.

En 1881, le problème fut remis en lumière par les travaux d'hygiénistes, de moralistes et de philanthropes (1). Leurs ouvrages donnèrent une grande publicité aux constatations vraiment déplorables et honteuses pour notre civilisation, qu'ils avaient faites au cours d'enquêtes suivies personnellement dans les quartiers populeux à Paris ; en même temps paraissaient des études sur les entreprises anglaises. Sous l'influence de ce mouvement d'idées, divers essais d'initiative se firent jour.

A la fin de 1885, fut fondée à Rouen la *Société anonyme des petits logements*. Le capital était de 500.000 francs. On limitait à 4 0/0 au maximum la rémunération de ce capital. La société a construit pour le prix de 460.000 francs un vaste immeuble contenant 100 logements. Le dividende oscille entre 2,75 et 3 0/0.

La ville de Lyon nous offre une entreprise des plus intéressantes : la *Société civile des logements économiques*, transformée plus tard en Société anonyme. Ses premiers essais remontent à 1886 et furent tentés par un banquier M. Edouard Aynard, aujourd'hui député, deux ingénieurs, MM. Lucien et Félix Mangini, et un industriel, M. Joseph Gillet.

Le premier capital fut de 200.000 francs. La société fit ses débuts dans le quartier de la Mouche à la Guillotière. Le premier juillet 1887, 5 maisons étaient achevées et occupées.

En 1888, la société se transforma en société anonyme au capital de un million de francs. La caractéristique de la société nouvelle était la provenance d'une moitié de son capital Elle avait été fournie par la Caisse d'Epargne du Rhône au moyen d'un prélèvement opéré sur ses réserves.

Le capital a été porté à 2 millions en mai 1890.

Au 31 décembre 1890 la société possédait 35 maisons achevées avec 420 logements. Elle avait en construction 20 maisons devant comporter 221 logements. Les réserves atteignaient une somme de 45.000 francs. L'intérêt limité à 4 0/0 a été régulièrement servi.

Chaque logement comporte 3 pièces et donne directement sur un escalier. Les prix de loyer, payables par mois, varient de 180 à 250 fr.

Il importe de faire observer que l'un des facteurs du succès de l'entreprise consiste dans le très bas prix de revient du logement. Grâce

---

(1) Docteurs Dumesnil, Marjolin, Cte Othenin d'Haussonville.

à un procédé de construction habile, il ne coûte que 2.500 francs, ce qui est un prix extraordinaire de bon marché (1).

A Paris, nous trouvons les constructions élevées par la Société Philanthropique chargée de mettre à exécution les intentions généreuses de MM. Heine.

En 1887, M. Michel Heine, tant en son nom qu'en mémoire de son frère, M. Armand Heine, mit à la disposition de cette société une somme de 750.000 fr. destinée à la création d'habitations économiques à Paris. La Société devait, comme la fondation Peabody, consacrer les loyers à la formation d'un capital qui assurerait le développement indéfini de l'institution.

Grâce à ce capital, M. W. Chabrol, l'habile architecte auquel la Société philanthropique avait confié la réalisation de son œuvre, a construit successivement trois maisons :

1° Rue Jeanne d'Arc : cet immeuble comprend 35 logements ;

2° Boulevard de Grenelle (47 logements) ;

3° Avenue de Saint-Mandé (55 logements).

Le prix de revient de chaque logement est, en moyenne, de 5.700 fr. Ce prix, relativement élevé, s'explique par la cherté de la construction à Paris et par les exigences des règlements municipaux en cette matière.

Le prix du loyer varie de 169 à 380 francs.

Tous les locaux ont été occupés dès l'achèvement des immeubles. Ils abritaient, en 1891, 136 familles ; sur son revenu, la Société peut consacrer 4 0/0 à la constitution d'un nouveau capital qui lui permettra d'étendre et de perpétuer le bienfait de son œuvre.

L'entreprise de la *Société des Immeubles de France*, que nous avons mentionnée plus haut, comporte également des maisons à appartements.

A Marseille, fonctionne la *Société des habitations salubres et à bon marché*, constituée en 1889, au capital de 385.000 francs, et dont M. Rostand est le président. Elle a élevé une série de construc-

---

(1) Voir sur la Société de Lyon : Mangini, *Les petits logements dans les grandes villes*. Paris, Storck, 1891.

La Société anonyme des Logements économiques de Lyon, dont le capital avait été progressivement porté à 3 millions de francs, vient de fusionner avec une association alimentaire fondée par M. Mangini, dans le VIe arrondissement de Lyon, avec le concours de la Caisse d'épargne et de prévoyance du Rhône. La nouvelle Société est au capital de 4 millions, divisé en 8,000 actions de 500 francs et a pour dénomination : *Société anonyme de logements économiques et d'alimentation.*

La Société compte actuellement 88 maisons avec 1.049 logements. En 1893, ses recettes brutes ont été de 147.162 fr. 50, et son bénéfice net, toutes charges déduites, de 50.276 fr. 15. — V. l'*Economiste français* du 16 juin 1894.

tions qui offrent le plus vif intérêt, soit au point de vue de leur aménagement, soit au point de vue de leur adaptation à des besoins divers. Chaque catégorie de travailleurs, depuis les plus pauvres jusqu'à ceux qui sont presque des bourgeois, trouve l'habitation qui lui convient dans l'un ou l'autre des groupes de maisons bâties (*Les Catalans, la Belle-de-Mai, la Madrague*). Récemment, un nouveau groupe a été construit avec le concours pécuniaire de diverses sociétés marseillaises. La Compagnie des Docks, entre autres, a fourni 100.000 francs à la condition que les logements seraient réservés d'abord à ses ouvriers et employés C'est là un moyen commode pour les grandes entreprises industrielles d'échapper à la construction directe de maisons à bon marché pour leur personnel. Il a été mis en œuvre par la Compagnie des chemins de fer de Paris à Lyon et à la Méditerranée, à Oullins. La *Société des Logements économiques de Lyon* a construit, dans cette localité, des maisons collectives avec des fonds avancés par la Compagnie. Le même procédé est actuellement employé par la même Compagnie et la Compagnie des chemins de fer de Paris à Orléans, qui font des avances importantes à des Sociétés anonymes ayant pour but de construire, à proximité de leurs grandes gares parisiennes, des immeubles destinés à loger leur personnel.

CHAPITRE II.

Les Maisons construites par l'initiative des intéressés.

Nous arrivons maintenant à l'exposé des efforts faits par les intéressés eux-mêmes pour l'amélioration de leurs logements.

Les ressources personnelles de l'ouvrier étant insuffisantes ; en général, pour arriver au but, il doit avoir recours à une aide étrangère. Cette aide se trouve soit dans l'emprunt, soit dans l'association, soit dans des combinaisons d'association et d'emprunt (1).

SECTION I.

L'EMPRUNT

Ce procédé suppose, de la part de l'ouvrier qui l'emploie, quelques ressources acquises, par exemple la disposition de la somme nécessaire pour payer le terrain. L'emprunt intervient surtout pour payer la construction en tout ou en partie.

---

(1) Voir, sur l'ensemble des efforts faits à l'étranger dans ces divers sens, un article de l'*Economiste Français,* 10 mars 1894 : *Les habitations ouvrières en Belgique et la Caisse générale d'épargne et de retraite sous la garantie de l'Etat.*

D'autre part, l'emprunt suppose que l'emprunteur inspire confiance au prêteur et que celui-ci porte intérêt à celui-là. Il se réalisera par suite, le plus souvent, entre patrons et ouvriers.

En fait, on trouve divers exemples de ce genre. Voici les plus saillants :

Blanchisserie de Thaon. — Au 31 décembre 1888, la Société avait fait des avances pour 74.806 francs. 22.045 francs lui avaient été remboursés.

La Société de Mariemont a affecté aux prêts un fonds de roulement de 200.000 francs. Les ouvriers qui ont construit confèrent à la Société une hypothèque sur leurs maisons pour garantir le remboursement.

Blanzy. — En 1889, la Société avait prêté 235.492 francs à 303 ouvriers.

Anzin. — A la même époque, le total des avances de la Société montait à 1.446.604 francs; 101.140 francs restaient dûs.

Nous avons donné plus haut la raison d'être de ce procédé : Il permet au patron d'aider les ouvriers et, en même temps, il laisse à ceux-ci la liberté de construire à leur guise.

Section II.

L'ASSOCIATION

L'association d'ouvriers ayant pour but la construction de maisons salubres revêt différentes formes.

Tantôt, en effet, elle a pour but la construction même des maisons ; tantôt, elle a pour but de constituer des capitaux destinés à être prêtés aux actionnaires avec la garantie d'une hypothèque sur les maisons qu'ils élèveront (1).

Le premier procédé a été mis en application, avec diverses modalités, dans plusieurs pays.

L'Angleterre a donné l'exemple.

On a vu souvent des groupes d'ouvriers ou d'employés se former pour arriver, par des mises hebdomadaires ou mensuelles, à constituer le capital nécessaire pour l'édification d'une maison.

Quand le capital a été réuni et la maison construite, il s'agit de savoir à qui elle sera attribuée ; on a le choix entre trois systèmes :

---

(1) Quelquefois, une association coopérative d'employés provoque la formation d'une société de construction ; tel est le cas de la société « *Le Cottage* », créée à Oullins pour la construction de maisons individuelles, sur l'initiative de la coopérative « *L'Union des agents du P.-L.-M.* » (Voir *Bulletin de la Soc. fr. des hab. à bon marché,* 1892). En Angleterre, certaines Sociétés de consommation consacrent une partie de leurs fonds de réserve à faciliter à leurs membres, la construction de maisons.

Le tirage au sort,

L'ancienneté,

La mise aux enchères,

C'est le tirage au sort qui est en général préféré. La société continue d'ailleurs jusqu'à ce que, par le même procédé, tous les associés aient été pourvus. A ce moment, elle se dissout faute d'objet.

Ce procédé un peu primitif met à une rude épreuve la patience des associés qui ne sont favorisés qu'à la longue. A une époque où on veut arriver vite au but, il ne saurait être bien répandu.

En Belgique, une société coopérative civile, l'*Immobilière Namuroise*, a été fondée à Namur, en 1877. Elle a émis des actions de 100 fr. prises exclusivement par des ouvriers. Au premier janvier 1889, elle possédait 29,069 fr. et faisait construire 10 maisons. Chacune d'elles était louée 192 fr. à un associé auquel était réservé un droit de préférence en cas de vente.

On trouve en Italie un grand nombre de sociétés tendant au même but.

La principale est *la Société de construction d'habitations ouvrières de Milan*, fondée en 1879. En 1889, elle avait 3,600 actions de 80 fr. réparties entre 730 actionnaires. Avec son capital et des emprunts d'ensemble 285,000 fr., faits à la Banque Populaire de Milan et à la Caisse d'épargne, elle avait fait construire 101 petites maisons qu'elle vend par annuités à ses actionnaires en 20 ou 25 ans.

Les prix de revient étaient :

Pour les maisons à 4 chambres : 5,200 fr.

Pour les maisons à 2 chambres : 2,600 fr

En payant, amortissement compris, un loyer de 305 fr. pour les premières, et de 150 fr. pour les secondes, le locataire devient propriétaire en 25 ans.

La Société a pu distribuer 5 0/0 aux actionnaires.

L'exemple de la Société de Milan, a été imité dans la plupart des villes de quelque importance en Italie. De 1883 à 1889, plus de 69 sociétés s'étaient formées et comprenaient plus de 9,000 actionnaires ayant un capital de 20,640,000 fr. et faisant sortir de terre des milliers de maisons.

Dans les sociétés de ce genre, les adhérents sont à la fois actionnaires et locataires.

En France, nous pouvons citer la Société coopérative d'employés et d'ouvriers fondée à Marseille sous le nom expressif de « *La Pierre du foyer.* » C'est encore une des nombreuses créations de M. E. Rostand. Fondée sous la forme anonyme à capital variable, elle avait un capital initial de 55,000 fr. Son domaine comprend actuellement 4 maisons.

L'Angleterre et les Etats-Unis nous offrent un genre particulier d'association entre ouvriers ou employés qui a eu un succès des plus complets et est arrivé quelquefois à des résultats d'une grande puissance.

Nous voulons parler des *Building Societies*.

D'une manière générale, on peut dire que ce sont des Caisses d'épargne qui accumulent les capitaux de leurs adhérents en vue d'un but spécial : la construction de maisons.

Elles reçoivent, par petites fractions hebdomadaires, les économies des travailleurs. Le capital ainsi constitué sert à consentir des prêts sur hypothèque aux associés qui veulent faire construire. Leur physionomie, par conséquent est double : établissement d'épargne d'un côté, établissement de crédit foncier de l'autre. Ce sont les associés qui constituent le capital et qui l'empruntent. On retrouve donc dans leur fonctionnement l'application la plus complète de l'idée ingénieuse qui a été déjà signalée et qui tend à faire retourner à des manifestations nouvelles de la prévoyance, les capitaux produits par la prévoyance. La législation anglaise s'est préoccupée du phénomène nouveau que le Royaume-Uni voit grandir sans cesse. Mais, hâtons-nous de le dire à son éloge, elle ne vise pas à le faire avorter ou a neutraliser ses conséquences. Respectueuse de l'effort individuel, ayant pour principe de favoriser l'initiative privée, elle tend au contraire à en assurer le plein développement.

L'exposé complet du mode d'organisation des *Building Societies* et de leur fonctionnement, demanderait un espace qui ne nous est pas accordé. Nous ne pouvons fournir sur ces points qu'une indication rapide accompagnée de quelques détails sur leur développement.

Voici un exemple du mode de fonctionnement de la *Building Society :*

Un déposant verse par semaine, 3 schellings (3 fr. 75) jusqu'à ce que son crédit monte en principal et intérêts à 40 livres sterling (1,000 fr.). Il retire alors son argent et achète une maison de 160 livres sterling (4,000 fr.). Pour payer la différence, il fait un emprunt à la *Building Society*. L'ouvrier, devenu propriétaire, ne cesse pas d'être associé. Il continuera à verser 3 schellings par semaine et amortira peu à peu sa dette. En réservant aux avances un intérêt de 4 0/0, il arrivera à se libérer en moins de 20 ans.

Le loyer d'une maison de 160 livres étant évalué à 4 schellings 3 pence par semaine (5 fr. 30), l'écart entre 3 fr. 75 montant du versement et 5 fr. 30 montant du loyer représente assez exactement, dit M. Picot, le service rendu par la *Building Society*.

Voici maintenant quelques chiffres qui montrent les résultats remarquables de ces associations (1).

(1) Voir deux articles de M. Raffalovich dans l'*Economiste français* : 28 mars 1891 et 7 juillet 1894.

En 1886, 2,243 *Building Societies* existaient en Angleterre, Irlande et Ecosse. Sur ce nombre, 1,811 comptaient 583,830 membres. Leur capital roulant atteignait 1,300,000,000 de fr. représentés par 1,200,000,000 de créances hypothécaires. De 1874 à 1883, la principale société de Leeds avait reçu 13,600,000 fr. Elle avait 7,695 membres ayant versé plus de 30 millions de fr. On calcule que jusqu'en 1889, 17,000 à 18,000 maisons lui avaient passé par les mains ; grâce à elle, la plupart des ouvriers de Leeds sont logés chez eux.

En Amérique ces associations ont pris aussi un très large développement et facilité l'accès de la propriété à des milliers de familles.

M. Claudio Jannet fait remarquer que les constructions nouvelles destinées à l'habitation ou à un usage industriel sont fort nombreuses dans tous les pays et qu'en général ce sont des maisons modestes appartenant à la couche inférieure des classes moyennes. Ce fait s'est produit aux Etats-Unis comme dans des pays plus anciens ; c'est l'heureux résultat des *Building Societies*. Une enquête faite par le Département du travail, en 1889, sur la condition des familles ouvrières dans les sept principales villes de l'Union a démontré que dans toutes les villes de second ordre, chaque famille ouvrière habitait une maison distincte. Sur 13,555 familles touchées par cette enquête, 2,470 étaient propriétaires de leur habitation (1).

Cette forme de la coopération s'est montrée, d'abord, à Philadelphie ; de là, elle s'est répandue dans les Etats voisins et dans le Far-West. On estimait le nombre total, dans l'Union des *Building societies* en 1890, à 6.000 avec 1,410,000 membres et un capital accumulé de 455,554,000 de dollars. Ces associations sont de plus en plus une des institutions fondamentales de la démocratie américaine. Les sociétés de tempérance, les associations catholiques et l'association socialiste des *Chevaliers du travail*, poussent beaucoup à leur fondation.

La question de savoir si on devait autoriser nos Caisses d'épargne à construire des maisons ouvrières, ou à faire des prêts pour cet objet ou à prendre des actions dans les sociétés de construction a été agitée et longuement discutée à propos des projets de modification de la loi sur ces établissements. Nous verrons, dans la seconde partie de ce travail, que le Parlement n'a pas voulu adopter le principe de la liberté des placements. En ce qui concerne la contribution des Caisses d'épargne au développement des habitations ouvrières, les innovations adoptées sont des plus timides. Il est, par conséquent, vivement à désirer que des établissements d'épargne analogues aux *Building societies* se constituent dans notre pays.

(1) Claudio Jannet. *Le Capital, la spéculation et la finance au* XIXe *siècle* p. 40. — Comp. A. Raffalovich : *L'Economiste français* du 7 juillet 1894. — *La Crise des Sociétés de construction en Angleterre.*

Il semble qu'il y ait un effort à faire pour constituer à côté de l'épargne officiellement enrégimentée, l'épargne libre, faite dans un but déterminée, destinée à se transformer en biens toujours nécessaires en dépit des perturbations politiques, économiques et sociales et conservant toujours par là même, leur valeur. L'instrument est créé : il n'y a qu'à l'emprunter à l'Angleterre en l'appropriant à notre milieu et à en vulgariser la notion par l'expérience et la publicité pour amener les intéressés à tenter l'épreuve. Le plus grand obstacle à surmonter de ce côté, sera certainement la tendance sans cesse grandissante de l'opinion des masses à n'avoir foi que dans l'intervention de l'Etat.

Section III.

L'ASSOCIATION ET L'EMPRUNT

La combinaison de ces deux facteurs se rencontre en Belgique. *La Caisse générale d'épargne et de crédit* a été autorisée à faire des prêts pour la construction d'habitations à bon marché. La loi du 9 août 1889 a posé le principe ; l'application est réglée par un arrêté du conseil général de la Caisse en date du 25 mars 1891.

La Caisse ne prête pas directement aux ouvriers et employés. Ce système aurait entrainé de sérieuses difficultés pratiques, notamment au point de vue de la quasi-impossibilité de faire opérer dans le pays entier la recette mensuelle ou hebdomadaire des sommes à rembourser par les emprunteurs.

Pour simplifier les choses, elle favorise la création de sociétés de crédit, anonymes ou coopératives, dont l'objet exclusif est de faire des prêts en vue de la construction ou de l'achat d'immeubles destinés à des habitations ouvrières. Il est interdit, d'ailleurs, à ces sociétés de construire ou de posséder des immeubles.

Les sociétés anonymes et les sociétés coopératives ne sont pas placées sur le même pied relativement aux avantages qu'elles peuvent recevoir. Le conseil d'administration de la Caisse d'épargne est autorisé à avancer aux sociétés anonymes la valeur de la moitié du capital souscrit et non versé par les actionnaires ainsi que la valeur des trois-cinquièmes de toute garantie fournie à la société sur des immeubles dont la valeur devra excéder d'un neuvième au moins, le chiffre du prêt correspondant.

Les sociétés coopératives n'ont droit qu'à la seconde de ces quotités.

Voici un exemple du fonctionnement de la combinaison belge en faveur d'une société anonyme.

Une société anonyme se fonde au capital de 100.000 francs. Les actionnaires verseront dans la caisse le 10e de la valeur de leurs actions soit 10.000 francs. La Caisse d'épargne leur avancera 45.000 francs. La société pourra mettre, par conséquent, à la disposition des petits constructeurs, une somme de 55.000 francs.

La caisse avancera ensuite à la société les 3/5 de toute garantie fournie à cette dernière sur des immeubles dont la valeur devra excéder de 1/9 au moins le chiffre du prêt correspondant.

Un ouvrier désire construire ou acquérir une habitation de 2.000 francs, la société lui prêtera les 9/10 qui lui manquent soit 1800 francs. La caisse avancera à la Société les 3/5 de la garantie soit 1.200 francs. La Société n'aura donc à prêter qu'une somme de 600 francs pour provoquer la construction d'une maison de 2.000 francs.

Comme elle peut employer 55.000 francs de cette façon, les 10.000 fr. versés par les actionnaires lui permettent de bâtir des immeubles valant 180.000 francs.

Nous ajouterons que les sociétés de construction jouissent des mêmes avantages que les sociétés anonymes de crédit, et peuvent obtenir des avances jusqu'à concurrence de la moitié de la valeur des immeubles leur appartenant.

A la fin de l'année 1893, le nombre des sociétés d'habitations ouvrières agréées par la Caisse générale d'épargne s'élevait à 64, dont 56 anonymes et 8 coopératives.

CHAPITRE III

Condition juridique de la maison à bon marché.

Il convient d'examiner cette question au point de vue du droit civil et au point de vue du droit fiscal.

Section I.

DROIT CIVIL

§ 1. — *La maison construite par des Capitalistes.*

A.— Maison louée. — Ce point ne demande pas de longues explications ; il suffit de dire que cette maison est régie par le droit commun et qu'il n'y a aucun motif d'y apporter une dérogation quelconque.

Observons seulement que, la plupart du temps, les propriétaires, quels qu'ils soient, enlèvent à leurs locataires la faculté de sous-louer. De plus, ils se refusent à laisser s'établir dans leurs maisons des débits de boisson. On aperçoit aisément le but de ces restrictions (1).

(1) Voir un arrêt intéressant de la Cour de Cassation, relatif au droit pour les patrons propriétaires de cités ouvrières, d'interdire le colportage de certains imprimés dans les rues des dites cités. Ch. civ. 12 décembre 1893. — *Gaz. des Trib.* 17 décembre 1893.

B. — Maison vendue. — Suivant les conventions, l'acquéreur devient propriétaire dès le contrat, ou bien il ne doit devenir propriétaire qu'après le paiement intégral du prix.

En général c'est le premier système qui est adopté.

Dans ce cas, la maison est grevée d'un privilège au profit du vendeur.

De ce que l'ouvrier est devenu propriétaire, il s'ensuit, en principe, qu'il peut louer ou aliéner sa maison, ou bien l'hypothéquer ; de plus, elle peut être saisie sur lui. Enfin, il peut en changer la disposition. Il est donc en mesure d'abuser du bienfait qui lui a été procuré ; il peut le perdre ; un créancier peut le lui enlever.

Pour assurer à l'ouvrier la jouissance prolongée de ce bienfait, il faudrait le mettre légalement à l'abri de toutes les éventualités fâcheuses tenant à la mauvaise chance, à une administration maladroite ou aux travers de son caractère.

Or, cela ne se peut guère avec une législation qui pose comme règle d'ordre public la liberté et la disponibilité de la propriété.

La Société de Mulhouse avait pris soin de stipuler dans ses contrats :

L'interdiction de bâtir dans les jardins ;

La défense de vendre, ou de sous-louer, ou d'établir des débits de boissons.

La première clause établissait une servitude et pouvait être considérée comme valable. Les autres, en admettant qu'elles fussent valables, ne pouvaient avoir en tout cas qu'un effet temporaire. En fait, il était limité aux dix années suivant le contrat. Aucune clause ne pouvait mettre la maison ouvrière à l'abri d'une saisie.

En somme, on ne peut pas garantir complètement au travailleur la possession durable de son bien. Devenu propriétaire, il reste responsable de sa conduite et exposé aux revers qui menacent tout le monde.

La législation des Etats-Unis contient une institution très intéressante, qui tend à mettre la maison habitée par le chef de famille et par les siens, ainsi que certaines portions de la terre qui l'entoure s'il vit à la campagne, à l'abri de toute saisie jusqu'à concurrence d'une étendue et d'une valeur déterminées. C'est l'institution du *Homestead.* Le bien soumis aux règles du *Homestead* ne peut être vendu qu'avec le consentement de la femme ; l'exemption de saisie profite, après la mort du chef de famille, au conjoint survivant et aux enfants jusqu'à la majorité du dernier d'entre eux. On assure ainsi un asile à la famille jusqu'au moment où les enfants auront atteint leur plein développement et pourront faire souche à leur tour (1).

---

(1) Il est bon de faire observer qu'en Amérique le mot de *Homestead* s'applique à deux institutions différentes.

Une loi fédérale de 1862, dite *Homestead Law*, donne à tout citoyen

MM. Picot et Léon Say pensent qu'il faudrait établir une institution analogue dans notre pays.

L'idée, en elle-même, paraît être très séduisante; sans entrer dans la discussion qu'elle comporte, nous nous bornerons à faire deux observations.

D'abord, en nous plaçant au point de vue du principe d'égalité, il nous semble qu'il serait choquant de voir accorder un avantage aussi appréciable à l'ouvrier, si on n'en faisait pas profiter le petit propriétaire rural qui ne diffère guère de l'ouvrier propriétaire au point de vue de l'importance du capital possédé.

En second lieu, ne peut-on pas dire que l'institution du *Homestead* n'est pas faite pour notre état économique et social ? Elle est très utile, cela est certain, pour les pays nouveaux où les colons qui s'établissent sur une terre vierge doivent faire largement appel au crédit hypothécaire pour la défricher et l'améliorer (1). En restreignant le gage du

---

Américain ou à toute personne ayant déclaré l'intention de devenir citoyen américain, la faculté d'occuper à titre gratuit 160 ou 80 acres (60 ou 30 hectares), suivant les cas, de terres publiques arpentées et encore vacantes Ce n'est pas le *Homestead* dont il s'agit ici. Celui dont nous parlons est une variété spéciale appelée en Amérique le *Homestead exemption* ou l'immunité du Homestead. C'est l'insaisissabilité, sous certaines conditions, du foyer domestique aussi bien dans les villes que dans les campagnes. Cette institution est consacrée par la législation de 44 états sur 49. Elle a paru pour la première fois dans le Texas, en 1839.

M. Léveillé, professeur à l'Ecole de Droit de Paris et député, a déposé le 15 juin 1894 un projet de loi ayant pour but de donner au *Homestead exemption* droit de cité dans notre législation.

Ce projet vise la petite propriété en général et tend à favoriser sa diffusion et sa conservation. Le *bien de famille* (telle est l'appellation de l'immeuble soumis au régime spécial du projet de loi) est insaisissable tant qu'il reste aux mains du fondateur, de son conjoint survivant et de ses enfants mineurs. Il est aliénable dans certaines conditions, quand le propriétaire est marié ou a des enfants mineurs.

Certains publicistes, qui approuvent en principe l'idée qui forme la base du projet de M. Léveillé, estiment qu'on devrait en faire une autre application en rendant insaisissables les salaires et traitements des ouvriers et employés au moins jusqu'à concurrence d'une somme considérée comme un minimum de besoin. — Voir sur le *Homestead :* M. Levasseur, l'*Economiste français,* 23 juin 1894. — M. P. Leroy-Beaulieu, *Journal des Débats,* 25 juin 1894. — Voir aussi : *La Réforme sociale,* 1er décembre 1891 ; *Le Foyer ou le Bien de famille*, par M. Deloynes.

(1) Voir sur l'importance de la dette hypothécaire aux Etats-Unis un article de l'*Economiste Français*, 1894, t. 1. p. 391. Dans le sens de l'opinion émise dans le texte sur l'opportunité du *Homestead*, voir: comte d'Haussonville, *L'Assistance par le travail*, *Revue des Deux-Mondes*, 1er mars 1894. Le congrès des habitations ouvrières réuni récemment à Anvers n'a pas voulu voter une résolution recommandant l'introduction obligatoire du régime américain. — Voir *Journal des Débats*, 5 juillet 1894.

créancier, on assure à la famille du colon la jouissance au moins temporaire d'une portion de la terre qu'elle a fécondée par son travail et de la demeure qu'elle a édifiée. L'Etat est intéressé à cette stabilité car elle favorise la mise en culture de son territoire en même temps qu'elle permet à la famille de s'accroître et de donner de nouveaux habitants au pays.

Dans nos contrées, où il n'est plus question de colonisation; le *Homestead* pourrait être interprété dans le sens d'une prime offerte à l'insouciance. L'individu garanti dans une certaine mesure contre les conséquences de ses engagements se laisserait aller au penchant qui l'entraîne vers la dépense. La responsabilité des dettes doit être le frein des tendances à la dissipation.

La mort du chef de famille acquéreur d'une maison peut compromettre le sort de l'acquisition, si elle intervient au cours du paiement des annuités; en tous cas, l'application de la législation en vigueur concernant les partages risque de ruiner les héritiers.

Dans le premier cas, si le paiement des annuités était prélevé sur le salaire de l'ouvrier, il y a bien des chances pour qu'il ne soit pas continué. C'est alors la résolution du contrat ou la vente de la maison et peut-être la perte, au moins partielle, des économies péniblement réalisées.

Comment faire pour échapper à cette difficulté ?

Elle a été examinée par le Congrès des habitations à bon marché tenu en 1889.

Le Congrès a adopté une résolution portant que :

« Afin de concilier la liberté de l'acquéreur avec les engagements « qu'il contracte par l'achat d'une maison, et d'alléger, en cas de mort, « les obligations qui retombent à la charge de ses héritiers, il y a lieu « d'étudier diverses combinaisons et notamment celles d'assurances sur « la vie. »

L'idée a fait son chemin en Belgique. La loi belge du 9 août 1889 l'a consacrée dans les limites suivantes :

La Caisse générale d'épargne et de retraite est autorisée à traiter des opérations d'assurance mixte sur la vie, ayant pour but de garantir le remboursement à une échéance déterminée ou à la mort de l'assuré, si elle survient avant cette échéance, des prêts consentis pour la construction ou l'achat d'une maison.

Le projet de loi français sur les logements à bon marché a également accueilli cette idée très ingénieuse et éminemment favorable à la sauvegarde de la propriété du travailleur.

L'application des lois en matière de partage est l'éventualité la plus redoutable qui puisse menacer la propriété acquise par l'ouvrier. Les inconvénients qu'elle entraîne ne peuvent être évités que par une loi modificative de la législation actuelle.

Les principes de cette législation sont les suivants :

Nul n'est tenu de rester dans l'indivision.

Chaque héritier a droit à une part dans chaque espèce de biens. Quand une chose est impartageable en nature, elle doit être licitée et vendue en justice.

Enfin, quand parmi les héritiers, il y a des mineurs, le partage doit être fait en justice, ce qui entraîne des frais onéreux. (Code civil, art. 815, 826, 832, 466. C. de Pr. civ., art. 953 et suiv.).

Plusieurs projets de loi tendant à la modification de l'art. 826, ou des dispositions relatives aux partages dans lesquels les mineurs seraient intéressés, ont été déposés à diverses époques sur le Bureau de la Chambre. (1) Aucun n'a encore été discuté sérieusement. Une loi du 23 octobre 1884, a essayé de diminuer les frais de justice pour les ventes d'immeubles d'une valeur inférieure à 2.000 francs ; il est avéré qu'elle n'a pas atteint son but. Les statistiques nous montrent que les frais de ventes judiciaires sont en raison inverse de la valeur des immeubles vendus.

Que l'immeuble acheté par un ouvrier vaille 3.000 fr., dit M. Picot : le partage et la vente en justice absorberont plus de 800 fr. Quelques mois après la mort du père de famille, nous retrouverons la veuve chassée de la maison que ses économies avaient contribué à acquérir, et la famille n'aura retiré comme seule épave que les deux tiers de l'épargne accumulée. Cela suppose que l'ouvrier avait intégralement payé son acquisition ; s'il meurt avant le paiement total, la situation est plus compliquée et la liquidation peut être plus ruineuse.

Des réformes sérieuses s'imposent donc en cette matière.

On en trouve des exemples à l'étranger.

C'est ainsi qu'en Alsace-Lorraine, où le Code civil est resté en vigueur, ses dispositions, sur les points ci-dessus, ont été modifiées par une loi du 1er décembre 1873.

Cette loi abroge pour tous les partages la disposition de l'art. 832 aux termes duquel il faut liciter le domaine si chaque lot ne peut être composé d'objets de même nature.

Elle abroge l'article 815 qui prohibe les conventions d'indivision dont la durée serait supérieure à cinq ans.

Elle permet de faire à l'amiable des partages dans lesquels des mineurs seraient intéressés.

---

(1) Projet de M. Piou ; projet du Gouvernement. Voir sur ce dernier un rapport de M. Bovier-Lapierre, déposé à la Chambre, le 15 décembre 1893. Ce projet simplifie notablement les formalités des partages où des mineurs sont intéressés, et celles des ventes des immeubles leur appartenant. Il rend ainsi ces procédures moins onéreuses. Voir son texte dans la *Gazette du Palais* du 13 juin 1894.

Quand la vente de biens de mineurs est nécessaire, elle simplifie les formalités.

En Belgique, les formalités des partages concernant des mineurs sont depuis longtemps simplifiées (Loi du 12 décembre 1816).

De plus, les Chambres belges ont discuté un projet de loi destiné à compléter la loi du 9 août 1889 sur les habitations ouvrières. Ce projet vise les petits immeubles, et il entend par là ceux qui sont inscrits au cadastre pour un revenu ne dépassant pas 200 fr. et qui, au moment du décès, sont occupés par le *de cujus*, son conjoint ou l'un de ses enfants. Il cherche à atténuer les inconvénients que nous avons signalés plus haut en modifiant les règles de la disponibilité par donation ou testament.

Il augmente la quotité disponible en déclarant non sujette à réduction, si elle n'excède pas la moitié des biens, la libéralité en faveur des descendants qui a pour objet la maison de famille ; il permet à l'époux prédécédé de laisser à son conjoint l'usufruit de la maison ; enfin, dans le but d'éviter la licitation, il confère à chacun des héritiers le droit de reprendre la maison sur estimation. (1)

Il y a là, on le voit, un mouvement fort intéressant de réaction contre la législation d'origine française dont la rigueur, s'inspirant de principes peut-être un peu trop absolus, se retourne contre ceux qu'elle a voulu protéger. La protection devient de plus en plus onéreuse à mesure que croissent les impôts et les frais de justice.

C'est ce qu'a fort bien compris le projet de loi de M. Siegfried dont on trouvera plus loin les dispositions sur ces divers points.

Avant de quitter le domaine du droit civil, mentionnons une question qui, pour être plus modeste que celles dont nous venons de parler, n'en a pas moins son importance. Nous voulons parler des frais d'expulsion des locataires qui ne paient pas leur terme. C'est là une éventualité qui se présente malheureusement trop souvent dans les locations ouvrières. Ces frais sont assez élevés et il serait désirable de les voir abaisser comme on l'a fait en Belgique par une loi de 1887.

§ 2. — *La maison construite par l'initiative de l'ouvrier.*

La situation est à peu près identique à celle que nous venons d'étudier.

En prenant le cas le plus fréquent, celui où l'ouvrier à emprunté pour construire, le propriétaire devra la valeur de sa maison à un prêteur au lieu de la devoir à un vendeur. Il aura le même intérêt, dans

(1) Le Congrès des habitations ouvrières réuni récemment à Anvers à l'occasion de l'exposition a discuté et approuvé ce projet. — Voir le *Journal des Débats* du 4 juillet 1894.

les deux cas, à assurer le paiement de sa dette. Ce paiement peut être garanti par les mêmes procédés.

La maison, au lieu d'être grevée du privilège du vendeur sera affectée d'une hypothèque conventionnelle. L'ouvrier est exposé à la saisie au lieu d'être menacé de la résolution de son contrat.

Il est propriétaire avec toutes les conséquences qui dérivent de cette qualité.

D'autre part, son décès entraîne les mêmes inconvénients que dans l'hypothèse précédente. Il convient d'y remédier par les mêmes mesures.

SECTION II

LÉGISLATION FISCALE (1)

§ 1. — *Contributions directes.*

Les habitations ouvrières ou à bon marché supportent les contributions conformément au droit commun.

Impôt foncier. — Cet impôt fixé actuellement à 3.20 0/0 sur le revenu constaté, diminué de 25 0/0, est acquitté par le propriétaire. Les maisons nouvellement bâties en sont exemptées pendant trois ans.

Portes et fenêtres. — Cet impôt est payé par le locataire ; c'est le plus lourd pour les petites propriétés.

L'occupant acquitte enfin la *contribution personnelle-mobilière.* A Paris, les loyers d'une valeur matricielle inférieure à 400 francs en sont exemptés.

§ 2. — *Enregistrement*

Les habitations ouvrières sont encore soumises, à ce point de vue, au droit commun. Les taxes sur les locations, les ventes, les mutations par décès, les constitutions d'hypothèques sont dues pour elles comme pour tous les autres immeubles. Le droit de transmission immobilière est dû au cas de résolution d'une vente pour défaut de paiement du prix. C'est la prétention de l'enregistrement consacrée par la jurisprudence.

Le paiement du droit de transmission à titre onéreux constitue une charge fort lourde. Ce droit est actuellement de 6 fr. 88 c. 0/0 en tout (y compris le droit de transcription et les décimes) ; de plus, il doit être payé en totalité dans un court délai à partir de la vente (trois mois).

L'impôt du timbre s'applique encore dans les conditions du droit commun à tous les actes concernant ces habitations.

L'ensemble de ces impôts constitue une charge relativement lourde

---

(1) Comp. : *La Propriété bâtie et les Charges fiscales en France*, par M. Fleury Ravarin.

pour la propriété. De là naît la question de savoir s'il n'y aurait pas lieu d'apporter quelques modifications à notre législation fiscale, en faveur des maisons ouvrières.

Pour les impôts *annuels* on peut demander :

Ou bien l'exonération totale et perpétuelle ;

Ou bien l'exonération totale et temporaire ;

Ou bien l'exonération partielle.

Pour les droits de mutation, on peut demander :

Ou bien l'exonération totale ;

Ou bien l'exonération partielle avec facilités de paiement pour le surplus ;

Ou bien de simples facilités de paiement.

La question peut être examinée au point de vue social ou au point de vue fiscal.

Les partisans du maintien absolu de l'égalité devant l'impôt s'opposeront à toute modification. Chacun doit payer l'impôt suivant ses facultés ; il ne faut pas créer des privilèges.

Ce raisonnement nous paraît être un peu trop absolu. Nous l'acceptons en tant qu'il s'opposerait à la concession d'une exonération totale et perpétuelle. Nous croyons que tout possesseur doit, à raison de sa possession, contribuer aux charges nationales. Mais nous pensons aussi que rien ne s'oppose à des décharges temporaires ou partielles ou à la concession de délais de paiement. C'est un moyen de favoriser une œuvre des plus louables et notre législation, d'ailleurs, offre de nombreux exemples d'avantages fiscaux concédés en vue de coopérer au développement de certaines branches du commerce ou de l'industrie.

En second lieu, il est certain que la considération des charges du budget doit faire accepter avec une grande circonspection tout projet de dégrèvement. Le dégrèvement aboutit toujours, dans l'état actuel, à un déficit et le déficit nécessite une surimposition sur un autre point. Mais il ne faut pas confondre le dégrèvement qui fait disparaître à jamais une ressource avec le dégrèvement qui aboutit à l'extension de la matière imposable. Si le premier est fâcheux, le second est favorable. A ce point de vue, le développement des habitations ouvrières aurait un effet certain. Ce que l'impôt direct perdrait sur chaque immeuble, serait compensé par une augmentation sur l'ensemble des immeubles. D'autre part, l'Etat gagnerait encore sur les impôts indirects par le surcroît de consommation qui serait la conséquence d'une amélioration dans la situation matérielle et morale des travailleurs. Un abaissement de taxe a quelquefois augmenté le rendement d'un impôt.

Il faut reconnaître qu'il existe dans l'opinion un courant favorable à des dégrèvements. M. Cacheux a émis le vœu que la déduction sur le revenu réel prévu par la loi sur l'impôt foncier des propriétés bâties pour l'assiette de cet impôt fut augmentée pour les habitations ouvrières et portée, par exemple, à 30 0/0 pour les maisons à étages et à 40 0/0 pour les maisons individuelles. M. Cacheux estime aussi qu'il y aurait lieu de supprimer l'impôt des portes et fenêtres et de le remplacer par un impôt unique, proportionnel à la valeur du loyer.

Les projets de réformes fiscales conçues par M. Burdeau, Ministre des finances, donnent, dans une certaine mesure, satisfaction à ces *desiderata*. Ils comportent, en effet, la suppression de l'impôt des portes et fenêtres et de la contribution personnelle-mobilière, qui seraient remplacés par une taxe sur l'habitation et les domestiques et une surélévation de l'impôt foncier sur la propriété bâtie (4 0/0 au lieu de 3,20 0/0). (1)

A l'étranger, nous trouvons en ce qui concerne les maisons ouvrières, des réformes intéressantes dans la législation belge et la législation autrichienne.

L'article 10 de la loi belge du 9 août 1889 exempte de la contribution personnelle et de toute taxe provinciale ou communale analogue, à raison de la valeur locative, des portes et fenêtres et du mobilier les habitations occupées par les ouvriers s'ils ne sont propriétaires d'un immeuble autre que celui qu'ils habitent et s'ils ne cultivent pas pour eux-mêmes au-delà de 45 ares. L'exemption s'applique aux immeubles d'un revenu cadastral inférieur à une certaine somme variable suivant la population de la commune de la situation du bien.

L'article 14 réduit à 2,70 0/0 le droit d'enregistrement et à 0,65 0/0 le droit de transcription hypothécaire applicable aux ventes et adjudications aux ouvriers, des biens immeubles destinés à leur servir d'habitations ou à la construction d'une habitation pourvu que la contenance des fonds bâtis ou non bâtis n'excède pas 25 ares.

Le débiteur peut acquitter en 5 termes annuels les droits liquidés sur les actes faits par lui dans le cours d'une année. (art. 15).

La qualité d'ouvrier et le but de l'acquisition doivent être établis par un certificat du Comité de patronage qui demeure annexé à l'acte le cas échéant; la construction de la maison doit être effectuée dans le délai d'un an, à compter de la date de l'acte.

La loi autrichienne du 9 février 1892 exempte des contributions locatives et d'autres taxes les habitations construites pour être *exclusivement louées* aux ouvriers lorsqu'elles sont érigées:

Par les communes, les sociétés d'utilité publique et les établissements institués en faveur des ouvriers;

Par les sociétés coopératives d'ouvriers pour leurs membres;

(1) On sait que la Commission du Budget a repoussé le projet de réformes proposé par M. Burdeau.

Par les chefs d'industrie pour leurs ouvriers.

L'exemption d'impôts s'étend à 24 ans à partir du moment où les constructions ont été achevées. Elle ne vise que les logements qui ne dépassent pas une certaine grandeur.

Le projet de loi français accorde d'assez larges franchises ; nous le retrouvons plus loin.

CHAPITRE IV

Les charges des habitations à bon marché.

L'institution des maisons à bon marché ne peut prendre un grand essor qu'à trois conditions :

1° Leur construction ne doit pas être trop onéreuse ;

2° Après la construction, les charges dont elles seront frappées ne doivent pas absorber une trop grande part du revenu. En d'autres termes, il faut que le capital engagé puisse recevoir une juste rémunération ;

3° Enfin la vente des maisons ne doit pas entraîner des frais par trop considérables ;

Sur le premier point, les constructeurs doivent compter avec le prix assez élevé de la bâtisse dans les grandes villes. L'ingéniosité de l'architecte seule, peut arriver à diminuer le prix de revient.

Notons toutefois que, dans les grandes villes et surtout à Paris, l'architecte se trouve gêné dans sa recherche de l'économie, par les règlements municipaux touchant la construction. Quand on construit à Paris sur une rue *classée*, il faut construire les murs en façade avec des matériaux de choix, établir une *jambe étrière*, et avoir un branchement d'égout particulier. Ne serait-il pas désirable de voir modifier ces prescriptions dans un sens plus économique en faveur des maisons destinées aux travailleurs ?

D'autre part, si une société, par exemple, voulait créer une rue bordée de maisons à logements à bon marché, pour faire ensuite accepter sa rue par la ville, elle devrait se conformer aux exigences des règlements en ce qui concerne la viabilité. Or, à Paris, la ville n'accepte une rue que quand elle a 12 mètres de large, qu'elle est pavée, munie de trottoirs avec bordures en granit, d'un égout et d'une canalisation d'eau potable (1). M. Cacheux estime à 315 fr. 90, le mètre courant, le prix d'exécution de ces travaux. C'est encore là une charge fort lourde qui s'ajoute à l'abandon du sol de la rue. M. Cacheux a essayé d'obtenir de la ville de Paris des concessions sur ces points ; il n'y a pas réussi. Le système de la voie privée, à largeur proportionnée à la hauteur des maisons en bordure et

(1) L'éclairage n'est pas réclamé par la ville.

établie économiquement sera encore pour longtemps le plus pratique. M. Cacheux l'a mis en usage et confie l'entretien de la rue à des syndics nommés par l'assemblée générale des propriétaires de terrains en bordure.

Il émet le vœu de voir les communes établir très économiquement les rues percées dans les quartiers habités par des travailleurs et se charger de leur entretien moyennant une taxe spéciale.

Les charges qui pèsent sur la maison construite dans les villes sont nombreuses. Elles forment trois groupes.

1° *Impôts* — nous en avons déjà parlé.

2° *Taxes de ville.* — Il s'agit ici des taxes du curage d'égout, et de balayage ; elles n'appellent pas d'observations.

3° *Charges diverses.* — Assurances, eau potable, éclairage, vidange, frais de gérance, frais judiciaires, frais d'entretien, amortissement, etc., etc.

Le propriétaire se trouve ici en contact avec des sociétés ou des particuliers. Il devra chercher à obtenir des réductions sur les tarifs ordinaires, ce qui n'est pas aisé. Quand il s'agit de sociétés exploitant des concessions municipales (eau, gaz, etc.), le consentement de l'administration sera encore nécessaire.

On arrivera peut-être avec le temps et la multiplication des logements à bon marché à l'établissement de tarifs de faveur. Les municipalités des grandes villes auraient là, en ce qui les concerne, une bonne occasion de manifester d'une manière pratique l'intérêt qu'elles portent à la classe ouvrière. Il importe de citer, à ce point de vue, la ville d'Orléans qui fournit l'eau à 6 fr. par an aux habitants des maisons de la *Société coopérative immobilière*. D'autre part, unetentative faite par la *Compagnie parisienne d'éclairage et de chauffage par le gaz* doit être signalée. Cette société a déposé entre les mains de M. le Préfet de la Seine, le 1er février 1893, une proposition tendant à exonérer de tous frais accessoires les abonnés dont les loyers sont inférieurs à 500 fr. en se basant sur ce que ces abonnés sont dispensés de payer la contribution mobilière. Un essai avait été déjà fait et donnait des résultats satisfaisants. Il y a lieu d'espérer que la Ville ne refusera pas son approbation à ce projet (1).

Relativement aux frais judiciaires, rappelons ce que nous avons dit plus haut pour les frais d'expulsion des locataires qui ne paient pas leurs termes.

Enfin les frais d'entretien sont assez élevés dans les maisons habitées

---

(1) Rapport du Conseil d'administration à l'assemblée générale du 29 mars 1894. Le Conseil municipal a accepté les propositions de la Compagnie dans sa séance du 30 juillet.

par des ouvriers à cause de leur insouciance et du peu de soin qu'ils prennent dans l'usage des locaux par eux occupés. A cet égard, l'éducation de la classe ouvrière est à faire en entier et on comprend l'opportunité des prix d'entretien et de propreté qui sont quelquefois distribués par les propriétaires.

M. Cacheux a dressé des tableaux indiquant le rapport des charges au revenu, soit pour les maisons à étages soit pour les maisons individuelles dans diverses villes de France et de l'étranger.

Pour les premières, le rapport le plus satisfaisant a été obtenu par M. Mangini à Lyon (21 0/0). Dans la plupart des exemples cités par M. Cacheux, la proportion des charges varie de 30 à 35 0/0. Le maximum (47.6 0/0) a été atteint à New-York.

Pour les maisons individuelles, les charges dépassent quelquefois 50 0/0. Elles ne descendent jamais au-dessous de 20 0/0 et sont en général plus élevées que pour les maisons à étages.

CHAPITRE V

Condition juridique des Sociétés constituées pour construire des maisons ou pour faire des prêts.

Ces Sociétés peuvent se constituer dans les conditions du droit commun ou dans les conditions prévues par la loi du 24 juillet 1867. Ce dernier cas est le plus fréquent.

Les Sociétés à forme commerciale ayant pour objet la construction d'immeubles étaient généralement considérées comme sociétés civiles. Cette solution doit être maintenue pour les sociétés existant au moment de la promulgation de la loi du 1er août 1893, modifiant la loi du 24 juillet 1867. Les sociétés constituées postérieurement auront, de par cette loi, un caractère commercial.

La loi belge conserve aux sociétés ayant pour objet exclusif la construction, l'achat, la vente ou la location d'habitations ouvrières, leur caractère civil quelle que soit leur forme (art. 11). Le projet français est muet sur ce point. Il aurait peut-être bien fait de s'expliquer et d'adopter une solution analogue à celle de la loi belge. Pourquoi, en effet, rendre commerciales des sociétés qui n'ont pas un but exclusif de spéculation ?

Les sociétés de construction ou de crédit, d'autre part, sont soumises au droit commun au point de vue fiscal.

Rappelons que l'art. 2, de la loi du 1er décembre 1875, exempte les sociétés coopératives formées entre ouvriers de l'impôt sur le revenu. La loi du 14 décembre 1875 exempte de la taxe des biens de main-morte établie par la loi du 20 février 1849, les sociétés anonymes ayant pour objet exclusif l'achat et la vente d'immeubles. Les sociétés qui font construire ou qui achètent pour louer, y restent donc soumises.

On peut se demander encore ici s'il y a lieu de créer un régime fiscal exceptionnel pour les sociétés en vue de l'amélioration des habitations ouvrières.

Pour notre part, nous serions porté à accorder de larges faveurs. L'effort collectif est l'un des moyens les plus efficaces d'arriver au but que l'on poursuit. D'autre part, un dégrèvement des taxes diverses qui pèsent sur les sociétés ne constituerait pas un régime d'exception ; il ne serait au contraire qu'un retour au droit commun. Ces taxes, en effet, ne sont pas autre chose, pour la plupart, que des impôts de superosition. Sous prétexte de faire régner l'égalité entre les particuliers et les collectivités, on fait payer à celles-ci plusieurs impôts pour la même chose mais sous des titres divers, il est vrai. Au point de vue économique, c'est une injustice.

La loi belge (art. 12, 13, 18) consacre certains dégrèvements ou des atténuations d'impôts.

Le projet de loi français a imité la loi belge.

CHAPITRE VI

La propagande.

L'œuvre des maisons ouvrières ne peut progresser qu'à la condition d'être connue et patronnée par des autorités sociales dont l'influence soit respectée et estimée de tous. Que l'effort vienne d'un patron, d'un philanthrope, d'un spéculateur ou d'une société ouvrière, il faut qu'il puisse trouver facilement des exemples, des enseignements et des encouragements.

Pendant longtemps, l'effort individuel ou collectif dans le sens d'une amélioration du logement ouvrier a été abandonné à lui-même dans notre pays. Il n'avait pas d'autres guides que les ouvrages de divers publicistes et l'expérience des constructeurs.

C'est en 1851, nous l'avons vu, que la Société de Mulhouse a fait intervenir en cette matière l'emploi de l'association.

L'Etat est resté pour ainsi dire étranger au mouvement. On ne peut guère rappeler, comme exemple de son intervention, que la cité ouvrière de la rue Rochechouart et la subvention accordée par les décrets de 1852. La loi sur les habitations insalubres remonte à cette époque, mais elle se proposait seulement, on l'a vu, d'améliorer ce qui existait. Elle ne tendait pas à faire du nouveau.

Dans la séance du Sénat du 12 décembre 1893, M. Hamel a rappelé qu'étant membre du Conseil municipal de Paris, en 1882, il avait proposé à cette assemblée de décider qu'on vendrait aux ouvriers à un prix modéré, des parcelles prises dans les terrains qu'elle possédait sur la périphérie de la ville. On les aurait vendues par annuités de façon qu'en acquittant 25 annuités y compris le prix de la construction, les acquéreurs fussent entièrement propriétaires en ne payant que ce qu'ils payent d'habitude pour un mauvais logement.

Cette proposition avait été accueillie avec faveur ; malheureusement la commission à laquelle elle fut renvoyée mit à peu près 4 ans à faire son rapport et elle n'aboutit pas parce qu'elle était en même temps chargée de proposer un système d'habitation ouvrière qui ne convint pas au Conseil municipal par la raison bien simple qu'il s'agissait d'établir des espèces de casernes dont ne se seraient pas accommodé les intéressés. La proposition Hamel devint caduque et il n'en fut plus question.

L'intervention des pouvoirs publics n'a donc pas eu une bien grande portée. Le Gouvernement n'eut même pas l'idée de provoquer une enquête sur la situation des logements ouvriers.

L'initiative individuelle aboutit cependant, malgré cet abandon, à des résultats remarquables. La question fut étudiée par des Associations d'études économiques et sociales. Elles s'efforcèrent de favoriser par leurs enquêtes et leurs projets l'amélioration des logements à bon marché. Les recherches de quelques sociétés privées, a dit M. Léon Say, ont fait faire des pas de géants à cette question ; et il cite notamment la *Société internationale des études pratiques d'Economie Sociale* qui a obtenu une médaille d'or en 1889.

L'Exposition universelle de 1889 avait réuni en une section de l'Exposition d'Economie sociale (Section XI), le résumé d'un grand nombre de tentatives faites en différents pays. Les questions nombreuses soulevées par l'expérience acquise furent discutées par le *Congrès des habitations à bon marché* qui tint ses assises les 26, 27 et 28 juin 1889.

Le groupe d'hommes éminents qui s'était particulièrement occupé de l'organisation de la Section XI et du Congrès trouva qu'il importait de ne pas perdre le fruit de la collaboration poursuivie pendant l'Exposition ; il se constitua à la fin de 1889 en une association dite « *Société Française des habitations à bon marché,* » qui a été reconnue comme établissement d'utilité publique par décret du 10 mars 1890.

Le but de la société et ses moyens d'action sont nettement définis par les art. 1 et 10 de ses statuts que nous reproduisons.

ART. 1.

« L'association dite *Société française des habitations à bon marché,* fondée à Paris le 17 décembre 1889, a pour but d'encourager, « dans toute la France, la construction par les particuliers, les industriels ou les sociétés locales, de maisons salubres et à bon marché « ou l'amélioration des logements existants. Elle cherchera notamment

« à propager les moyens propres à faciliter aux employés artisans et « ouvriers, l'acquisition de leur habitation.

« A cet effet, l'Association se propose de mettre à la disposition « des particuliers ou sociétés les plans, modèles de statuts et baux « reconnus les meilleurs ainsi que tous documents et renseignements « nécessaires.

« Elle s'interdit formellement toute opération de prêts, d'emprunts, « d'achats de terrains ou de construction de maisons de même que « toutes discussions politiques ou religieuses.

« Elle a son siège à Paris, actuellement, rue de la Ville-l'Evêque, « n° 15.

Art. 10.

« Les moyens d'action de l'association sont :

« 1° La communication aux intéressés de tous les renseignements « qui peuvent être demandés, notamment les statuts des sociétés déjà « existantes, leurs comptes rendus, le modèle de leurs baux, les plans « et devis de leurs constructions, les combinaisons financières em- « ployées, etc., etc.

« 2° La publication d'un Bulletin destiné à répandre la connaissance « des faits relatifs à la question des habitations à bon marché en France « et à l'étranger.

« 3° L'organisation de conférences ayant pour but la vulgarisation « des idées de l'Association : l'amélioration du logement et la création « de sociétés locales de constructions ouvrières.

« 4° L'organisation de concours avec prix et récompenses diverses « ayant pour objet soit les plans les meilleurs et les plus économiques, « soit les combinaisons de nature à faciliter la construction.

« 5° L'encouragement de toutes manières et même par des subven- « tions pécuniaires, dans la limite des disponibilités annuelles du « budget, et sans pouvoir engager jamais plus d'un exercice, de la « construction ou de l'assainissement des habitations à bon marché, « ainsi que la création de sociétés ayant cet objet. »

Le Bulletin prévu dans le § 2 de l'art. 10 paraît depuis 1890 ; c'est le *Bulletin de la Société française des habitations à bon marché.* Il constitue une source d'informations précieuses pour tous ceux qui s'intéressent à notre question.

L'un des premiers soins de la Société a été d'étudier cette question au point de vue législatif. Le projet de loi dont nous parlerons tout à l'heure, a été élaboré par ses soins (1).

---

(1) La Société a fait procéder cette année, à une enquête dans le XIIIe arrondissement de Paris.

Depuis 1891, nous trouvons dans les rouages administratifs de notre pays deux institutions créées pour l'étude des questions ouvrières, parmi lesquelles se trouve celle des habitations à bon marché.

Il s'agit du *Conseil supérieur du travail*, créé par le décret du 22 janvier 1891, et de l'*Office du travail*, créé par la loi du 21 juillet 1891.

Le Conseil supérieur examine et discute les questions qui lui sont soumises par le Ministre du commerce et de l'industrie. L'Office du travail a pour mission de recueillir et de coordonner, dans les limites et les conditions indiquées par le décret du 19 avril 1891, toutes les informations relatives au travail. Le Conseil supérieur a donc le caractère d'un comité consultatif et l'Office le caractère d'un bureau de renseignements et de statistique. Le projet de loi sur les habitations à bon marché a été soumis à l'examen de l'assemblée du Conseil supérieur du travail (séance du 30 juin 1892). Cet examen a donné lieu à une discussion des plus intéressantes (1).

Ces deux organes ont une mission trop vaste et d'une portée trop générale pour pouvoir contribuer efficacement au développement des habitations à bon marché. L'institution de bureaux ou de comités spéciaux, siégeant dans les différentes régions du pays, investis d'un caractère officiel, chargés de faire des enquêtes, de provoquer des concours, de distribuer des prix, etc., serait une excellente chose. La loi belge a adopté cette idée, qui a été reprise dans le projet de loi français. Ce projet établit, en outre, auprès du Ministre du commerce un conseil supérieur des habitations ouvrières.

L'Angleterre et la Belgique sont plus avancées que nous.

Dès 1841, le prince Albert se fit en Angleterre le promoteur d'un important mouvement d'enquête et de progrès. Les grandes personnalités du Royaume-Uni se sont toujours intéressées aux habitations ouvrières. Nous avons rappelé sans pouvoir donner assez de détails à cause du cadre un peu étroit dans lequel nous devons tenir, les beaux résultats des entreprises anglaises. Ces résultats étaient encore insuffisants. En 1883, une enquête eût lieu sous le patronage des hautes autorités sociales. En 1884, se forma à Londres une Commission privée qui s'est donné la mission de poursuivre, par tous les moyens, la réforme des logements insalubres, pour triompher des résistances qui s'opposaient à l'application de la loi sur ces logements. Le *Conseil du Mansion-House* (nom de l'Hôtel-de-Ville de Londres) *sur les habitations des pauvres*

(1) En ouvrant, le 6 juin dernier, la session du Conseil supérieur de statistique, M. Lourties, ministre du commerce, de l'industrie et des postes et télégraphes, a fait une revue rapide des principales questions soumises aux délibérations du Conseil et a mentionné, notamment, une enquête sur les conditions de l'habitation ouvrière en France.

(*The Mansion-House Council on the Dwellings of the poor)* a pour président le Lord-Maire.

On a vu plus haut que la loi anglaise du 18 août 1890, dans la partie relative à l'assaissement des maisons ou ilots insalubres, obligeait les autorités locales à assurer le logement des ouvriers déplacés par le fait de l'expropriation, si elle a lieu. Cette loi va plus loin ; dans sa troisième partie, elle donne aux mêmes autorités le droit d'acheter ou de louer des maisons ou des terrains en vue de construire ou d'aménager des maisons. Si les acquisitions ne peuvent se faire à l'amiable, la voie de l'expropriation est ouverte. Sur ce point, par conséquent, la loi anglaise est entrée franchementdans la voie du socialisme d'Etat.

Elle contient d'ailleurs des dispositions tendant à encourager les particuliers et les personnes morales privées à construire ou à améliorer des logements ouvriers.

Une enquête officielle a été faite également en Belgique en 1886 ; elle a abouti à la loi du 9 août 1889.

DEUXIÈME PARTIE

LES RÉFORMES PROJETÉES

CHAPITRE I

Les origines et la discussion du projet de loi de M. Siegfried.

Nous avons vu, dans la première partie de cette étude, que si les maisons d'origine patronale s'étaient développées d'assez bonne heure et sur une assez grande échelle dans notre pays, il en avait été autrement des maisons construites par des capitalistes ; nous avons constaté aussi que la construction de maisons par l'initiative des intéressés soit isolés, soit associés était un fait des plus rares.

Une situation aussi peu satisfaisante, est due non seulement à cette circonstance que le réveil de l'initiative des constructeurs est tout récent, mais encore aux obstacles que les constructeurs rencontrent quand ils essaient de passer de la théorie à la pratique et de mettre à exécution leurs conceptions philanthropiques.

Nous avons pris soin de relever, au fur et à mesure que l'occasion s'en est présentée, ces différents obstacles ; on peut les énoncer de la manière suivante :

1° Absence d'un organe officiel de direction, d'études et d'encouragement ;

2° Difficulté de trouver des capitaux ;

3° Obstacles d'ordre juridique tenant aux conséquences de l'acquisition d'une maison par l'ouvrier ou aux conséquences de son décès ;

4° Charges fiscales ;

5° Situation des sociétés de construction.

La *Société française des habitations à bon marché* dont nous avons plus haut indiqué l'origine et défini la mission, a placé au premier rang de ses préoccupations l'étude de ces difficultés et la recherche des réformes qui pourraient être obtenues par la voie législative. Elle avait pour guide les résolutions prises par le *Congrès des habitations à bon marché de 1889*, et pour exemple les mesures déjà consacrées par la législation des pays voisins.

Ses études ont abouti à la rédaction d'un projet de loi conçu dans un esprit très large de respect pour ce qui existe et de faveur pour les progrès à réaliser. Il a été déposé sur le bureau de la Chambre des députés par M. Jules Siegfried et un grand nombre de ses collègues (1). M. Siegfried s'est fait ainsi, au Parlement, le champion d'une cause au progrès de laquelle il avait activement travaillé par la création de la *Société immobilière du Hâvre*. Nul, par conséquent, n'était mieux qualifié que lui pour prendre la direction d'un mouvement de réforme législative. On peut dire qu'il a mérité d'attacher son nom à la loi nouvelle.

Le projet a été discuté à la Chambre des députés au mois de mars 1893. La discussion n'a pas présenté d'incident remarquable et le projet a été adopté sans modifications bien importantes.

La commission du Sénat a apporté quelques changements au texte voté par la Chambre. La discussion en première lecture a eu lieu dans les séances des 12 et 14 décembre 1893 et 16 février 1894.

Le discours de M. Diancourt, rapporteur, a mis en relief les deux idées qui dominent le projet et qui justifient les encouragements donnés à l'initiative privée, savoir :

1° Absence de spéculation de la part des constructeurs. C'est pour cela que certains avantages de la loi ne sont accordés qu'aux sociétés qui limitent dans leurs statuts, les bénéfices à distribuer ;

2° Modicité des prix de vente ou de location. Il faut que les maisons soient à la portée de la clientèle que l'on a eue en vue.

Les six premiers articles du projet ont été adoptés sans difficulté.

L'article 7 portant autorisation pour diverses caisses dont l'Etat a la direction ou la surveillance (2) de faire des prêts aux constructeurs, et pour les Caisses d'épargne ordinaires d'employer leur fortune personnelle en acquisition ou construction d'habitations à bon marché, ainsi qu'en prêts hypothécaires ou obligations de sociétés locales ayant pour objet des constructions de cette nature, a été modifié en ce sens que l'on a retranché ce qui touchait aux Caisses d'épargne. Sur ce point, en effet, le projet se trouvait en contact avec le projet de loi sur les Caisses d'épargne. On a jugé avec raison que tout ce qui touche à l'emploi des fonds de ces établissements devait être réglé par la loi spéciale.

L'article 9 relatif à l'autorisation, pour la Caisse d'assurances en cas de décès instituée par la loi du 11 juillet 1868, de traiter des opérations d'assurances mixtes sur la vie, a donné lieu dans la séance du 14 décembre 1893, à une assez longue discussion. On l'a trouvé dangereux pour

(1) Séance du 5 mars 1892. *Documents parlem.* Ch. des Députés, 1892, n° 1940.

(2) Caisse des dépôts et consignations, Caisse nationale des retraites, Caisses d'assurances en cas de décès et d'accidents, Caisse Nationale d'épargne.

la Caisse, en ce sens qu'il pourrait la grever de charges fort lourdes qui viendraient aggraver sa situation déjà peu prospère. De plus, on l'a accusé d'être ambigu dans ses termes.

Le Sénat n'a pas jugé à propos d'adopter les combinaisons, présentées comme préférables, qui lui étaient soumises. La discussion, assez confuse, n'a pas abouti. M. le Ministre des Finances est venu faire observer que le projet pouvait entraîner des conséquences très graves pour la Caisse d'assurances en cas de décès ; que d'autre part, par ses dispositions spéciales portant dégrèvement ou modération d'impôts il touchait aux intérêts du Trésor ; qu'il y avait lieu de se livrer à un nouvel examen de ces questions et de provoquer un accord du Gouvernement et de la Commission.

En presence de ces observations, le Sénat a renvoyé à la session ordinaire la suite de la discussion.

L'accord du Gouvernement et de la Commission ayant pu se faire rapidement, la discussion a été reprise et terminée par le Sénat dans sa séance du 16 février 1894. L'ensemble du projet a été adopté en première lecture ; on a réservé pour la deuxième lecture des discussions plus approfondies ou des modifications sur certains points (1).

A la discussion du projet de loi spécial, il faut joindre celle dont l'article 10 du projet de loi sur les Caisses d'épargne a été l'objet dans les séances du Sénat des 7 et 11 mai dernier. La discussion, dans la séance du 18 mai, d'un amendement de M. Bardoux à la même loi intéressait aussi indirectement notre sujet.

Nous allons examiner ces travaux législatifs en prenant, comme plan de notre étude, l'énumération que nous avons faite plus haut, des points sur lesquels des réformes ont paru désirables.

CHAPITRE II

Quelles sont les maisons appelées à jouir des avantages concédés par le projet de loi.

Cette question est de la plus haute importance ; on comprend, en effet, que la loi ne peut pas accorder les avantages que nous indiquerons plus loin à toute maison faite en vue des ouvriers, quelle que soit son *importance*, quel que soit son *constructeur*. S'il en était autrement, les dérogations au droit commun qu'il y a lieu de concéder, dans un intérêt social bien entendu, dépasseraient le but de la loi et tendraient à compromettre l'application de principes de la plus haute importance en matière civile ou fiscale.

---

(1) On trouvera dans l'Appendice le compte-rendu de la discussion en seconde lecture. (Séance du Sénat du 19 juin 1894.) Le Sénat à renvoyé le projet à la Commission.

La question peut être examinée, ainsi que nous venons de l'indiquer, soit au point de vue de l'importance de la construction, soit au point de vue du constructeur.

A. — *L'importance de la Construction.*

Il faut que la construction réponde bien, par sa valeur ou son aménagement, à l'idée qu'on doit se faire de logements où on cherche à réaliser la meilleure installation au point de vue de l'hygiène et de la vie de famille, tout en restant dans des prix abordables pour la clientèle que l'on a en vue. Si on prend un type d'habitation trop restreint, le premier but est manqué ; si, au contraire, on conçoit un type d'habitation trop considérable ou trop perfectionnée, on manque le second. Il y a donc à trouver une solution moyenne.

Le projet de M. Siegfried contenait un article ainsi conçu :

« Les avantages accordés par la présente loi ne s'appliquent :

« 1° En ce qui concerne les maisons individuelles destinées à être « acquises par les ouvriers, employés et artisans, qu'aux immeubles « dont la valeur ne dépasse pas, terrain compris, la somme de 6,000 fr. « dans les villes au-dessus de 100,000 habitants et celle de 4,000 fr. « dans les localités ayant une population moindre ;

« 2° En ce qui concerne les maisons collectives destinées à être louées, « qu'à celles dont le loyer annuel, par logement, n'excède pas 400 fr. »

La Commission de la Chambre avait fixé un chiffre uniforme de 7,000 francs, terrain non compris dans le premier cas, et de 500 fr. dans le second.

Cette solution acceptée par la Chambre a été écartée par la Commission du Sénat. La Commission a pensé que si les chiffres de 7,000 fr et de 500 fr. étaient acceptables pour Paris et quelques autres grandes villes, ils étaient absolument inapplicables à l'ensemble de la propriété foncière en France.

En effet, le récent rapport de la direction générale des contributions directes sur l'évaluation de la propriété bâtie, constate que, sur neuf millions de maisons qui existent en France, il y en a plus des neuf-dixièmes dont la valeur locative est inférieure à 500 fr. On ne pouvait donc pas accepter les chiffres de la Chambre puisque la somme de 500 francs représente dans certains départements le loyer d'une maison non d'ouvrier mais de maître.

En conséquence, elle a pensé que les avantages de la loi ne devaient s'appliquer, en ce qui concerne les habitations individuelles destinées à être vendues, qu'aux immeubles dont la valeur ne dépasse pas sensiblement celle des habitations individuellement occupées par les ouvriers dans une commune ou une région donnée, et en ce qui a trait aux maisons individuelles ou collectives destinées à être louées, qu'à celles dont les prix de location ne sont pas plus élevés que les prix qui ont cours dans le même milieu pour les logements d'une importance égale et réunissant les conditions normales de construction au point de vue de la solidité et de la salubrité.

C'est donc par voie de comparaison que l'on déterminera si tel ou tel immeuble est de nature à rentrer dans les prévisions de la loi.

Mais qui est-ce qui sera chargé de fixer la valeur vénale ou locative type dans chaque commune ou région?

La Commission du Sénat avait confié ce soin à une Commission composée du maire de la commune, du contrôleur des Contributions directes, et d'un membre du Comité des habitations à bon marché établi en vertu de la loi.

Cette évaluation était susceptible d'appel au ministre qui aurait statué, le Conseil supérieur des habitations ouvrières (établi aussi par la loi) entendu. Elle aurait été révisable tous les 4 ans. Le Sénat avait adopté ce texte en ajoutant seulement que le membre du Comité des habitations à bon marché appelé à faire partie de la Commission serait désigné par le Comité (art. 6).

Dans la séance du 16 février 1894, M. Diancourt, rapporteur, a dit, à propos du dernier paragraphe de l'article 9 fixant la somme maxima que l'assurance mixte pourra couvrir (1), que la Commission avait été amenée à modifier le texte de l'article 6 après une conférence avec M. le Ministre des Finances. M. le Ministre des Finances avait trouvé un peu compliquée la procédure établie par la Commission du Sénat pour la détermination de la valeur vénale ou locative de la moyenne des habitations occupées par les ouvriers ou par les employés. Il avait proposé de la simplifier en prenant pour base non plus l'appréciation un peu arbitraire de la Commission, mais le chiffre de la population de la commune où une habitation doit s'élever en établissant d'une part, une échelle pour le chiffre de la population, et d'autre part, une échelle pour les valeurs maxima correspondantes.

L'examen approfondi de ce nouveau système a été réservé pour la deuxième délibération. (Séance du 16 février 1894).

Comme on le voit, le débat porte sur le point de savoir si on établira une règle fixe. fondée sur des présomptions, ou bien le principe d'une appréciation susceptible de varier d'après les localités et les personnes chargées de la donner.

Le premier système a un avantage, celui de la simplicité. De plus, on évite les incertitudes résultant d'appréciations individuelles que l'on peut contester ou incriminer. Il est probable qu'on finira par l'adopter sous la forme proposée par le Ministre des Finances, savoir : échelles

(1) Voir plus bas page 60.

correspondantes de chiffres de population et de chiffres de valeurs locatives, avec une base de capitalisation du revenu pour la valeur des maisons individuelles destinées à être vendues.

B. — *Le Constructeur.*

Le projet primitif visait expressément les maisons construites :

1° Par les sociétés coopératives ouvrières de construction ;

2° Par les sociétés anonymes de construction. (Art. 10, 11, 12, 13).

Il ne parlait pas des maisons construites par les bureaux de bienfaisance, hospices et hôpitaux, conformément à l'article 8, mais il est évident qu'il n'y avait là qu'un oubli.

Il laissait de côté les maisons construites par les intéressés eux-mêmes (1).

Quant aux maisons construites par des spéculateurs, simples particuliers, ou sociétés de construction ne remplissant pas la condition portée dans l'article 7, § 3 (limitation des bénéfices), elles restaient évidemment en dehors des prévisionsde la loi.

Le projet adopté par le Sénat, mentionne expressément les maisons construites par les bureaux de bienfaisance, hospices et hôpitaux, et les maisons construites par les intéressés eux-mêmes. (art. 6 et 10). Il y avait, sur ce dernier point, une lacune importante à combler (2).

La loi s'appliquera aussi, cela va de soi, aux maisons construites par les Caisses d'épargne.

CHAPITRE III

Quelles sont les personnes appelées à bénéficier de la loi.

L'article 1 du projet définitif parlait des maisons destinées à être vendues ou louées aux *employés, artisans et ouvriers industriels ou agricoles*. Cette énumération se retrouve dans l'article 1 du projet adopté par le Sénat en première lecture.

En rédigeant le projet de loi qui visait une catégorie sociale ne disposant que de ressources modestes, ses auteurs devaient naturellement se demander si elle devait s'appliquer à toute personne qui se trouverait dans cette situation ou, au contraire, s'il fallait en restreindre le bénéfice aux seuls salariés

---

(1) Sur la portée du mot « intéressé », voir le chapitre suivant.

(2) Le texte présenté au Sénat en deuxième lecture portait une restriction, en ce qui concernait les maisons construites par les intéressés : il demandait que les maisons fussent destinées à l'usage personnel des dites personnes, et ne servissent pas à l'exercice d'une profession patentée. Cette limitation se justifie parfaitement.

Les ressources des personnes qui recherchent un logement à bon marché peuvent être : le salaire, le produit d'un petit métier exercé à la maison, une pension payée par l'Etat ou un particulier, le revenu d'un petit capital mobilier ou immobilier. En fait, ces diverses catégories se combinent souvent de différentes manières.

Un projet de loi qui avait pour rubrique « *Projet de loi sur les habitations ouvrières* » ne devait viser que les personnes vivant, au moins en partie, au moyen du produit de leur travail professionnel exercé dans un atelier ou à la maison. Les personnes dont les ressources modestes d'ailleurs, ne sont pas dues au travail rémunéré par un tiers se trouvaient par conséquent exclues.

Cette interprétation se justifiait non seulement par la rubrique ou par l'esprit général du projet, mais encore par son caractère : c'était une loi d'exception et à ce titre elle devait être appliquée d'une manière restrictive.

En proposant de modifier la rubrique primitive de la loi et de lui substituer celle de « *Loi sur les habitations à bon marché* », la Commission du Sénat tendait à autoriser une interprétation plus extensive. Elle aurait dû, logiquement, modifier le texte de l'article 1, ce qui n'a pas été fait.

Nous croyons qu'il vaudrait mieux ne pas essayer d'indiquer au moyen d'une formule quelconque les personnes que la loi veut favoriser.

Si on les énumère, on aboutit fatalement à la nécessité de la vérification préalable de l'origine ou de l'importance des ressources dont un candidat locataire ou acquéreur peut disposer. Cette vérification est-elle possible ? Les intéressés voudront-ils s'y soumettre ? Il est permis d'en douter.

Mais alors, dira-t-on, des capitalistes, des patrons, petits ou moyens, vont envahir les maisons construites en vue des ouvriers, pour profiter de l'avantage du bon marché. L'institution déviera de son caractère primitif et les faveurs accordées par la loi iront à ceux qui n'en ont pas besoin.

Nous répondrons qu'il ne faut pas hésiter à adopter une mesure destinée à produire un grand bien, alors même qu'elle serait de nature à engendrer quelques inconvénients. Quelle est d'ailleurs l'institution humaine, si parfaite soit-elle, dont on ne puisse abuser ? N'a-t-on pas vu des rentiers assez importants déposer leurs fonds à la Caisse d'épargne qui certes n'était pas faite pour eux ? Aurait-il fallu pour cela fermer les Caisses d'épargne ou bien soumettre les déposants à une enquête ? Nul n'a songé à proposer de semblables mesures qui seraient un remède pire que le mal. On ne doit donc pas se préoccuper de la condition des occupants. Il suffit de limiter la valeur des immeubles destinés à être soumis au régime de la loi spéciale. (1)

CHAPITRE IV.

Organisation de Comités locaux et d'un Conseil supérieur des habitations à bon marché.

Le projet primitif autorisait la création dans chaque département d'un ou de plusieurs *Comités des habitations ouvrières* (art. 1). Le Sénat a remplacé ces deux derniers mots par les mots « *habitations à bon marché* ». Nous avons vu plus haut le motif de ce changement. Les ouvriers industriels ne sont pas seuls intéressés au développement des habitations salubres et d'un prix proportionné à leurs ressources. Les employés, les artisans, les ouvriers agricoles sont en droit d'aspirer aux mêmes avantages. L'expression « *habitations à bon marché* » vise cette nombreuse clientèle.

Ces comités ont pour mission d'encourager la construction de maisons salubres et à bon marché.

Ils peuvent faire des enquêtes, ouvrir des concours d'architecture, distribuer des prix d'ordre et de propreté, accorder des encouragements pécuniaires, et plus généralement employer les moyens de nature à provoquer les initiatives en faveur de la construction ou de l'amélioration des habitations ouvrières. (Projet primitif et texte de la Chambre art. 1. — texte du Sénat, art. 2).

Les Comités sont établis par décret du Président de la République après avis du Conseil général du département et du Conseil supérieur des habitations à bon marché. (Projet primitif art. 2, texte de la Chambre art. 2, texte du Sénat art. 4).

Le même décret détermine l'étendue de leur circonscription.

Il fixe aussi le nombre de leurs membres. Ce nombre devait varier de 6 à 18 d'après le projet primitif adopté par la Chambre des députés. Le Sénat a adopté les chiffres de 9 au moins et de 12 au plus (art. 4).

Quant à la nomination de ces membres, le projet primitif contenait les dispositions suivantes adoptées par la Chambre :

Un tiers des membres est choisi par le Conseil général, un tiers par le Préfet parmi les personnes spécialement versées dans les questions d'hygiène, de construction et d'économie sociale ; le dernier tiers est élu par les représentants des syndicats professionnels institués conformément à la loi du 21 mars 1884, par ceux des sociétés de secours mutuels reconnues ou approuvées, des sociétés coopératives régulièrement constituées, des sociétés et institutions de prévoyance et d'épargne

(1) Voir, dans l'appendice, le texte soumis au Sénat lors de la discussion du projet en seconde lecture et la discussion à laquelle il a donné lieu.

reconnues d'utilité publique ou ayant le caractère d'établissements publics dans les conditions à déterminer par un règlement d'administration publique.

Les Comités désignent leur président et leur secrétaire; ce dernier peut être pris dans le sein du Comité ou en dehors. (Art. 2).

Ce texte, empreint d'un assez grand libéralisme, laissait donc leur initiative propre aux divers intéressés.

Le Sénat a conservé les trois catégories d'éligibles en y ajoutant les maires et les membres des Chambres de Commerce et des Chambres consultatives des arts et manufactures de la circonscription, mais il a dénaturé le caractère des Comités en donnant au Préfet la mission de nommer leurs membres (art. 4 du projet du Sénat). Il en fait ainsi de simples comités administratifs sur lesquels le Préfet aura la haute-main au détriment de la vigueur et de la spontanéité de leur action. Les motifs donnés par le Sénat à l'appui de ce changement n'ont pas une portée véritable. Le rapport de la commission du Sénat s'exprime sur ce point de la manière suivante :

« Il nous a semblé tout d'abord que c'était mettre bien du monde en mouvement pour la constitution d'un comité dont les modestes attributions sont absolument étrangères à la politique. Nous gagnons en outre un temps précieux en laissant au Préfet le soin de faire cette sélection.

« Pour le tiers à la nomination du Conseil général, à moins d'imposer à ses membres le dérangement peu justifié d'une session extraordinaire pour ce seul objet, il fallait pour constituer le comité, attendre l'époque d'une session légale et c'était un ajournement possible de sept ou huit mois.

Avec ce système, il paraît un peu contradictoire de trouver dans l'exposé des motifs de la commission du Sénat, le passage suivant : « il ne saurait être question de créer administrativement, dans chaque département, un ou plusieurs comités officiels qui trop souvent seraient décoratifs. *Ces comités se constitueront eux-mêmes* et le gouvernement ne devra intervenir que pour leur donner l'investiture officielle et régulariser leur fonctionnement. »

On ne voit pas très bien comment un comité dont le Préfet a le droit de choisir les membres, peut se constituer de lui-même. Le retour au système primitif de nomination nous paraît désirable.

La durée du mandat des membres des comités est fixée à 4 ans; ils sont rééligibles. (Sénat, art. 5).

La mission assignée à ces comités doit entraîner des frais. Pour les rendre indépendants, il fallait leur concéder une personnalité civile au moins restreinte et la faculté de recevoir ou de posséder.

C'est ce que fait le projet en leur donnant une personnalité civile analogue à celle des syndicats professionnels.

Ils peuvent recevoir des subventions de l'Etat, des Départements et des Communes ainsi que des dons et legs de particuliers.

Il leur est interdit de posséder d'autres immeubles que celui qui est nécessaire à leurs réunions.

Pour alléger leur budget, on met à la charge du budget départemental les frais de local et de bureau, l'allocation à payer au secrétaire du Comité et les jetons de présence à allouer à leurs membres à titre de frais de déplacement. (Projet primitif, art. 5. — Projet de la Chambre, art. 5. — Projet du Sénat, art. 3.) (1)

Au-dessus de ces comités locaux se trouve un *Conseil supérieur des habitations à bon marché*, établi auprès du ministère du Commerce et de l'Industrie. (Projet primitif, art. 15 et 16. — Projet de la Chambre et projet du Sénat, art. 16 et 17.)

C'est un organe de centralisation auquel devront être soumis tous les règlements à faire en vertu de la présente loi et, d'une façon générale, toutes les questions concernant les logements économiques.

Les comités locaux devront lui adresser chaque année, dans le courant de janvier, un rapport détaillé sur leurs travaux. Le Conseil supérieur en donnera le résumé, avec des observations, dans un rapport d'ensemble adressé au Président de la République.

L'organisation et le fonctionnement du Conseil supérieur des habitations à bon marché doivent être déterminés par un règlement d'administration publique.

CHAPITRE V

Autorisation donnée à certaines personnes morales d'acheter ou de construire des maisons à bon marché.

Nous avons vu que si l'institution des habitations à bon marché ne se développait jusqu'ici qu'avec lenteur, c'est que les capitaux privés ne connaissaient pas ou n'appréciaient pas encore suffisamment ce mode d'emploi.

A côté des patrimoines privés se trouvent d'autres patrimoines appartenant à des personnes morales et susceptibles de s'accroître indéfiniment par la bienfaisance ou l'épargne.

L'emploi des fonds de ces institutions, notamment l'emploi des fonds des Caisses d'épargne, est l'une des plus importantes questions économiques de notre temps. Au moment où on cherchait des capitaux susceptibles d'être consacrés aux habitations ouvrières, il était naturel de songer à faire appel à ceux dont nous venons de parler. Ils devaient trouver dans un placement immobilier la sécurité dont ils ont besoin.

En second lieu, cet emploi nouveau donnait satisfaction à l'idée

(1) Ces dépenses, obligatoires d'après le projet adopté en première lecture, sont devenues facultatives lors de la discussion en seconde lecture. — Voir l'appendice.

ingénieuse de ceux qui cherchent à faire servir à de nouvelles applications de la prévoyance les capitaux déjà constitués par la prévoyance. Enfin l'exemple venant de ces institutions était de nature à stimuler les capitalistes et à les inviter à porter leur contribution à une œuvre sociale du plus haut intérêt.

S'inspirant de l'initiative déjà prise par divers établissements de bienfaisance à l'étranger, le projet de loi Siegfried autorise les bureaux de bienfaisance, hospices et hôpitaux, à employer, avec autorisation du Préfet, une fraction de leur patrimoine à la construction de logements à bon marché dans les limites de leur circonscription charitable (le tiers d'après le projet primitif, art. 8. — Le cinquième d'après le projet adopté par la Chambre et le Sénat, art. 8.)

Que fallait-il décider relativement aux Caisses d'épargne?

Cette question, réservée lors de la discussion de notre projet de loi, a été résolue par le projet de loi sur les Caisses d'épargne, adopté en seconde lecture par le Sénat au mois de mai dernier.

Le problème était complexe. Les fonds des Caisses d'épargne, d'abord, peuvent se diviser en fonds provenant des dépôts, fonds de réserve, fortune personnelle. La loi et les statuts des Caisses d'épargne contiennent les règles relatives à l'emploi de ces diverses catégories de fonds. L'emploi en rentes sur l'Etat des fonds dont la disponibilité immédiate n'est pas jugée nécessaire, est l'emploi de droit commun. On estime que cet emploi présente au plus haut degré les qualités que doit présenter un placement de tout repos : sécurité et facilité de réalisation.

Certains économistes, frappés de l'immense danger que présente pour l'Etat l'augmentation sans cesse croissante des dépôts et leur emploi en rente, avaient demandé depuis longtemps la réforme de la législation en vigueur. Cette préoccupation se reflétait dans le projet de loi sur les Caisses d'épargne, présenté à la Chambre des députés, il y a longtemps déjà, par MM. Aynard et Léon Say. Ce n'est pas ici le lieu d'examiner dans quelle mesure la liberté d'emploi y était consacrée et dans quelle mesure elle se retrouve dans le projet de loi adopté par le Sénat. Remarquons seulement que les habitations à bon marché n'ont pas été oubliées et indiquons brièvement ce que les Caisses d'épargne sont autorisées à faire en cette matière.

Théoriquement, elles auraient pu intervenir :

Soit en construisant ou en achetant des immeubles ;

Soit en souscrivant des actions de sociétés de construction ;

Soit en fournissant des capitaux par voie de prêt (prêts à des particuliers, prêts à des sociétés de construction, prêts à des sociétés de crédit spéciales, souscription d'obligations émises par des sociétés de crédit ou de construction.)

Nous examinerons dans le chapitre suivant ce qui concerne les prêts.

Nous savons qu'il y a déjà des exemples de construction directe ou de souscription d'actions. Ils ont été donnés par les Caisses d'épargne de Lyon et de Marseille. Ces établissements ne se sont pas mal trouvés de ces opérations.

L'expérience a été faite avec des portions de leur fortune personnelle.

La fortune personnelle des Caisses d'épargne est constituée par des dons ou legs et par l'accumulation des *bonis* prélevés sur l'intérêt des dépôts. Ces bonis consistent dans la différence entre l'intérêt que les Caisses retirent de leurs fonds et celui qu'elles paient aux déposants. C'est une réserve destinée à faire face à certaines éventualités, par exemple aux responsabilités que les Caisses d'épargne peuvent encourir du fait de leurs agents.

Cette fortune personnelle n'étant pas exposée au retrait immédiat, il était permis de lui assigner, au moins pour partie, un emploi très sûr, mais d'une réalisation moins facile que d'autres.

Le projet de loi présenté à la Chambre des Députés autorisait l'emploi de ces capitaux notamment en construction de maisons ouvrières et en souscription d'actions de sociétés de construction.

La Chambre des députés a écarté ce dernier mode d'emploi estimant qu'il ne fallait pas exposer les Caisses d'épargne aux aléas d'entreprises dont elles n'auraient pas la direction.

Le projet de loi Siegfried ne permettait également aux Caisses d'épargne *privées* que l'acquisition ou la construction de maisons ouvrières. La Caisse d'épargne postale ne pouvait faire que des prêts.

L'art. 10 du projet de loi relatif aux Caisses d'épargne soumis au Sénat autorisait les Caisses d'épargne à employer leur fortune personnelle. . . . .

« 4° En acquisition ou construction d'immeubles..... destinés à des habitations à bon marché. »

Cette disposition a été l'objet de vives critiques de la part de divers membres du Sénat (1). M. Buffet, notamment, a trouvé ce placement trop hasardeux et ne répondant pas, par cela même, à la sûreté que réclame la fortune personnelle des Caisses d'épargne. Les constructions, il est vrai, ne disparaissent pas, mais elles se détériorent avec le temps; de plus, et ce qui est plus grave, leur réalisation peut être très difficile; on a dit aussi que la fortune personnelle appartenait aux déposants et qu'on ne devait pas l'employer contre leur gré à des œuvres de philanthropie. M. Buffet a demandé comment une Caisse d'épargne, œuvre philanthropique elle-même, pourrait être exposée à expulser ou à saisir des locataires en retard de payer leurs termes. Les administrateurs

(1) Séance du 7 mai 1894.

d'autre part, n'auront pas toujours la capacité nécessaire pour diriger les entreprises de construction et pour gérer les immeubles construits. Enfin, la faculté accordée aux Caisses d'épargne deviendra, sous la pression de l'opinion publique, une obligation. Les administrateurs seront exposés ou bien à s'aliéner cette opinion en résistant à ses vœux ou bien à se lancer dans des affaires dangereuses.

En présence des critiques dont nous venons de donner le résumé, l'article fut renvoyé à la Commission. Il en revint à la séance du 11 mai, transformé en ce sens que les emplois parmi lesquels se trouvait celui qui nous intéresse, ne pouvaient absorber que le cinquième du capital de la fortune personnelle et la totalité des revenus de cette fortune.

Malgré les observations auxquelles donna lieu le texte ainsi modifié, le Sénat l'a adopté.

L'art. 10, d'ailleurs, ne vise que les Caisses d'épargne privées. L'art. 25 du projet, spécifiant les articles de la loi applicables à la Caisse d'épargne postale passe sous silence l'art. 10.

Enfin l'emploi en acquisition ou construction d'habitations ouvrières est compris dans la catégorie de ceux qui doivent faire chaque année l'objet d'un compte-rendu au ministre du Commerce, lequel peut, sur l'avis de la Commission supérieure, en suspendre l'exercice.

La question de l'intervention des Caisses d'Epargne dans le développement des habitations ouvrières est revenue indirectement en discussion devant le Sénat, dans la séance du 17 mai, à propos d'un amendement de M. Bardoux et de plusieurs de ses collègues, tendant à établir une liberté partielle d'emploi des fonds de dépôt pour les Caisses d'épargne ordinaires qui, en vertu de leurs statuts, sont entièrement autonomes et s'administrent elles-mêmes, qui ne sont pas fondées, contrôlées ou administrées directement ou indirectement par les communes, départements ou établissements publics et qui possèdent une fortune personnelle.

Ces établissements sont au nombre de 53 sur 544 caisses et 1038 succursales. Ils ont 730 millions de dépôts et 41 millions de fortune personnelle.

Sur leur demande, les Caisses de cette espèce auraient pu, d'après l'amendement de M. Bardoux, être autorisées par décret à opérer, dans les conditions prévues par l'article 10, que nous avons examiné plus haut, le placement des dépôts qu'elles auraient reçu au 31 décembre de l'exercice écoulé. Cette faculté ne leur était accordée que jusqu'à concurrence d'une somme équivalente à trois fois le montant de leur fortune personnelle sans que cette somme puisse dépasser le quart des dits dépôts.

L'article 10 du projet de loi voulait planter un premier jalon dans la voie du libre emploi. La proposition de M. Bardoux, renouvelant un amendement présenté lors de la discussion du projet à la Chambre, par MM. Aynard, Léon Say et Ch. Roux et rejeté, faisait un nouveau pas en avant dans cette direction en s'attaquant aux fonds de dépôt

Les 53 caisses qui se trouvaient dans les conditions prévues par l'amendement avaient été consultées sur son opportunité : 28 en avaient accepté le principe; celles de Lyon et de Marseille, les plus importantes après la caisse d'épargne de Paris, étaient de ce nombre.

L'amendement de M. Bardoux, développé avec un grand talent par son auteur, a été combattu par le rapporteur de la loi, M. Denormandie et M. Burdeau, Ministre des Finances. Leur argumentation peut se résumer de la manière suivante : les placements énumérés dans l'art. 10 présentent une assez grande sécurité, mais ils sont ou peuvent être d'une réalisation difficile. Or c'est là un inconvénient capital en ce qui concerne les dépôts. De plus les dépôts sont confiés aux Caisses d'épargne pour être gardés avec sécurité et non pour être employés à des œuvres de philanthropie si louables soient-elles. Enfin l'amendement aurait pour conséquence de créer une catégorie de Caisses d'épargne qui, tout en conservant cette étiquette connue du public et emportant pour lui l'idée de la garantie de l'Etat, n'offriraient pas cette garantie d'une manière absolue.

Après discussion, l'amendement de M. Bardoux a été repoussé. Nous n'avons pas à apprécier ici si ce rejet est justifié ou non. La question relève de la matière des Caisses d'épargne plutôt que de celle des Habitations à bon marché.

CHAPITRE VI

Avantages financiers concernant les prêts

Nous restons dans le même ordre d'idées : tout à l'heure on se préoccupait de chercher des capitalistes qui fussent en position de bâtir ; ici on cherche des capitalistes qui puisse prêter aux constructeurs.

Le prêt, en cette matière, peut être fait à des individus ou à des associations.

Il peut être réalisé sous forme de prêt ordinaire, avec ou sans garantie hypothécaire ou sous forme de souscription d'obligations hypothécaires ou non, émises par les sociétés de construction.

Il n'est pas besoin d'insister pour démontrer que le prêt simple, sans garantie hypothécaire, doit-être rejeté tout d'abord comme ne présentant pas une sécurité suffisante. D'autre part le prêt hypothécaire fait à une collectivité est plus sûr que le même prêt fait à un particulier. On ne peut pas exclure ce dernier toutefois, car l'initiative individuelle mérite autant d'intérêt que l'initiative collective. La concession du prêt dépend de la connaissance que l'on a de la valeur morale de l'emprunteur.

D'autre part, nous avons vu des patrons faisant des prêts à leurs ouvriers, ou des sociétés industrielles avançant des fonds aux sociétés ayant pour but de construire des immeubles destinés à leur personnel. Nous ne revenons pas sur ce point. Il échappe à l'action de la loi.

Le projet de loi de M. Siegfried autorisait la Caisse des dépôts et consignations, la Caisse nationale des retraites, les Caisses d'assurances en cas de décès et d'accident, créées par la loi du 11 juillet 1868 et la Caisse nationale d'épargne, à employer une partie de leurs fonds disponibles, jusqu'à concurrence d'un dixième, en prêts hypothécaires pour la construction de maisons à bon marché.

D'autre part, les Caisses d'épargne ordinaires étaient autorisées à employer leur fortune personnelle en prêts hypothécaires et en obligations des sociétés locales ayant pour objet des constructions de cette nature (art. 7.).

Pourquoi avait-on fait une différence entre les Caisses d'épargne ordinaires et les autres Caisses au point de vue de l'emploi en obligations hypothécaires des sociétés de construction? Le motif de la différence consiste probablement en ce que l'obligation hypothécaire représente toujours une opération de plus longue durée que le simple prêt hypothécaire. La fortune personnelle des Caisses d'épargne se prête mieux que les fonds des autres Caisses à des opérations à long terme; celles-ci, en effet, sont exposées à avoir besoin de leurs fonds d'un moment à l'autre. Il en est autrement pour la fortune personnelle qui n'est qu'une garantie spéciale; il suffit d'assurer la mobilité en même temps que la sécurité des dépôts.

C'est pour la même raison que l'on établissait pour les premières Caisses une limitation qui n'existait pas pour les autres.

Tout ce qui touchait aux Caisses d'épargne ayant été réservé lors de l'examen du projet de loi Siegfried, et renvoyé à la discussion du projet de loi spécial, nous devons revenir encore à cette dernière discussion. L'art. 10 du projet sur les Caisses d'épargne règle la question du prêt comme celle de la construction directe.

Nous n'aurons plus à nous occuper ici de la Caisse d'épargne nationale. L'art. 10 ne lui est pas plus applicable pour le prêt que pour la construction (1). On a voulu conserver au gouvernement la pleine et entière disposition des fonds qui lui sont confiés et le mettre aussi à l'abri des sollicitations qui n'auraient pas manqué de l'assiéger si la loi avait autorisé l'intervention de cette Caisse dans la question des logements à bon marché.

Pour les Caisses d'épargne privées, il ne s'agit encore que de leur fortune personnelle. L'amendement de M. Bardoux, qui visait l'art. 10

(1) Art. 25 du projet de loi sur les Caisses d'épargne.

et proposait l'application du principe qu'il consacrait aux fonds de dépôt des Caises autonomes a été repoussé, on l'a vu.

L'art. 10, soumis au Sénat, dans la séance du 7 mai, autorisait l'emploi de la fortune personnelle notamment en obligations de sociétés de constructions à bon marché.

M. Vuarnier, Commissaire du gouvernement, pensait que ce mode de placement n'avait pas d'inconvénients tellement graves qu'on ne pût l'admettre. Il acceptait aussi le prêt hypothécaire ordinaire.

A la suite du renvoi à la Commission dont l'article 10 fut l'objet, son texte, on l'a vu, fut transformé.

La nouvelle rédaction limitait le libre emploi restreint aux revenus de la fortune personnelle et au cinquième du capital de cette fortune.

Dans ces limites, les Caisses d'épargne pourront notamment faire des prêts hypothécaires aux sociétés de construction ou aux sociétés de crédit qui, ne construisant pas elles-mêmes, ont pour objet de faciliter l'achat ou la construction et souscrire des obligations de ces sociétés. Les prêts ne seront accordés qu'aux sociétés existant dans le département où les caisses fonctionnent.

Le nouveau texte prévoyait donc et le prêt hypothécaire et l'achat d'obligations.

De plus, on avait inséré une disposition aux termes de laquelle, lorsque le fonds de réserve ou de garantie représenterait au moins 2 % des dépôts, 1/5 du boni annuel pourrait être employé en prêts de faveur aux ouvriers pour l'assainissement de leur logement.

Critiqué par M. Buffet, au point de vue du prêt comme au point de vue de la construction et par les mêmes motifs, l'article a été défendu par M. le Ministre des Finances.

Finalement la rédaction proposée a été adoptée; on a seulement supprimé le paragraphe relatif aux prêts aux ouvriers pour l'assainissement de leurs logements.

Précisons bien, en terminant, quels sont les emprunteurs auxquels s'adressent ces facilités.

Dans la rédaction du projet de loi spécial aux habitations ouvrières, on parlait : des sociétés coopératives ouvrières de construction, et des sociétés anonymes de construction et de crédit dont les statuts limiteraient les dividendes à un chiffre maximun annuellement fixé par décret.

Ce texte, approuvé par la Chambre, laissait de côté une hypothèse intéressante : celle de l'ouvrier qui construit lui-même sa maison. Le Sénat avait comblé cette lacune (art. 7).

Le Sénat a aussi règlementé d'une façon différente la limitation du dividende pour les sociétés.

Les sociétés de construction et les sociétés de crédit ne seront admises au bénéfice du prêt qu'autant que leurs statuts, approuvés par le gouvernement, limiteront leurs dividendes à un chiffre maximum déterminé dans le décret d'approbation.

Le même décret fixera l'emploi de la portion des produits dépassant le maximum. Dans les sociétés de construction d'habitations destinées à la location, la moitié au moins de ces excédents devra être répartie entre les locataires au prorata du chiffre de leur loyer.

La loi détermine en outre les formalités à remplir pour les demandes de prêts. Ces demandes accompagnées des plans et devis des maisons à construire, devront être adressées au Comité local qui transmettra le dossier avec son avis à la Caisse intéressée dans le délai d'un mois à compter de la demande.

Le Sénat a établi, on le voit, un système à tendances nettement philanthropiques qui se traduit par ces deux principes ; limitation du bénéfice des actionnaires, répartition de la moitié de l'excédent entre les locataires des sociétés de construction de maisons destinées à être louées.

Sur le premier point, il s'est approprié une règle que l'on trouve déjà dans les statuts d'un certain nombre de sociétés et ne fait pas d'innovation à proprement parler. On comprend que la loi prenne les précautions nécessaires pour empêcher que les prêts faits avec des capitaux provenant de l'épargne ne servent pas à réaliser des spéculations.

Sur le second point, nous ne croyons pas que l'on doive admettre les locataires à une participation quelconque aux bénéfices. Les Sociétés de construction de maisons destinées à être louées remplissent suffisamment leur rôle philanthropique en fournissant des logements confortables à un prix modéré. Il n'y a pas de raison pour faire participer les locataires aux bénéfices. En donnant aux locataires un droit de cette nature, on créerait infailliblement pour les sociétés des difficultés considérables tenant aux justifications qu'elles auraient à fournir sur le chiffre de leurs bénéfices.

Le projet de loi Siegfried reste toujours applicable aux prêts faits par les caisses autres que les Caisses d'épargne.

En ce qui concerne celles-ci, nous venons de voir que les prêts qu'elles sont autorisées à faire directement ou indirectement ne seront accordés qu'aux sociétés de construction et aux sociétés de crédit. On n'admet plus les prêts faits aux individus. Le prêt fait à un individu est moins sûr que le prêt fait à une collectivité. C'est le système belge.

Observons en terminant que l'autorisation de prêter aux sociétés de crédit peut favoriser le développement des sociétés analogues aux *building societies*.

Notons aussi que l'amendement de M. Bardoux relatif aux Caisses d'épargne autonomes leur appliquait, pour une portion des dépôts, le système de l'art. 10 de la loi sur les Caisses d'épargne et consacrait implicitement la faculté de prêter comme la faculté de construire. Cet amendement n'a pas été adopté

CHAPITRE VII

Facilités d'assurance et de transmission des propriétés.

Nous avons vu plus haut que l'acquisition ou la construction d'une maison par un ouvrier constituait un avantage précaire :

Soit parce que ses héritiers peuvent en être dépouillés s'ils n'ont pas les ressources nécessaires pour payer les annuités restant dues sur le prix d'achat ou sur un emprunt au moment de la mort de leur auteur.

Soit parce que l'application des lois en matière de partage peut entraîner la licitation de la maison et l'absorption d'une fraction importante de sa valeur par les frais de justice.

Le projet a paré à ces deux inconvénients par des facilités d'assurances et une modification à la loi en matière de partage.

Section I.

Facilités d'assurances

L'art. 8 de la loi belge porte que la *Caisse générale d'épargne et de retraite* est autorisée à traiter des opérations d'assurance mixte sur la vie, ayant pour but de garantir le remboursement à une échéance déterminée, — ou à la mort de l'assuré si elle survient avant cette échéance — des prêts consentis pour la construction ou l'achat d'une maison.

L'article 9 du projet de loi Siegfried reproduisait à peu près littéralement le texte que nous venons de citer. Les assurances mixtes devaient être contractées avec la Caisse d'assurances en cas de décès instituée par la loi du 11 juillet 1868.

L'ouvrier, acheteur ou constructeur d'une maison au moyen de fonds prêtés, qui contracterait une assurance mixte dans les termes de cet article, aurait à payer :

Une annuité à son prêteur ;

Une prime d'assurance à la Caisse.

S'il meurt avant le remboursement complet de l'avance, la Caisse se charge de payer ce qui reste dû.

S'il meurt après le paiement complet de sa dette, l'assurance n'a plus d'objet.

L'assurance mixte a été choisie comme moins onéreuse que l'assurance sur la vie entière.

Le texte que nous venons d'indiquer avait été adopté par la Chambre et accepté par la Commission du Sénat.

Dans la séance du 11 décembre 1893, M. Félix Martin a fait observer qu'avec le cours des années, la somme à payer au prêteur diminuait progressivement; que ce qu'il fallait assurer c'était non pas la valeur entière de la maison achetée mais seulement ce qui resterait dû à la mort de l'assuré; avec ce système, on avait une prime moins élevée et par suite une surcharge moins lourde pour l'acquéreur; ce serait une variété particulière d'assurance.

La Commission du Sénat tenant compte de ces observations présenta une nouvelle rédaction ainsi conçue :

« Art. 9.— La Caisse d'assurances en cas de décès instituée par la loi « du 11 juillet 1868 est autorisée à traiter des assurances mixtes sur la « vie destinées à garantir la libération des engagements contractés par « l'assuré pour l'achat ou la construction d'une habitation.

« Cette Caisse est également autorisée à passer avec les ouvriers ou « employés qui se libèrent du prix de leur habitation au moyen d'an- « nuités, des contrats d'assurance temporaire ayant pour but de « garantir à la mort de l'assuré, si elle survient dans la période « d'années déterminée, le paiement des annuités restant à échoir. »

La première hypothèse vise le cas où un ouvrier désire acheter ou construire une habitation; il s'adresse à une société de crédit et lui demande de lui avancer les fonds nécessaires pour réaliser cette acquisition; il lui donnera comme garanties :

1° Une hypothèque sur la maison ;

2° Un contrat d'assurances ;

Dans le second cas, il s'agit d'un ouvrier qui achète une maison moyennant le paiement d'un certain nombre d'annuités; il fait un contrat d'assurances pour garantir le paiement des annuités restant dues à sa mort, s'il meurt avant le paiement total.

Les différentes hypothèses sont donc nettement distinguées; il en est de même de la portée de l'assurance.

Dans la séance du 14 décembre 1893, M. Félix Martin a soulevé une question très importante. La Caisse d'assurances ne soumet les candidats à l'assurance à aucune déclaration ni à aucun examen médical relativement à leur état de santé.

Par contre, l'effet de l'assurance est suspendu pendant les deux ans qui suivent le contrat; si l'assuré meurt dans ce délai, le contrat est nul.

Ce système bizarre a pour but de favoriser la diffusion de l'assurance et en même temps de garantir les intérêts de la Caisse. Il est incompatible avec l'assurance prévue par le projet; on ne peut pas, en effet, suspendre son effet pendant deux ans.

En conséquence, M. Félix Martin a proposé un amendement à l'article 9, tendant à régler ces points. Il faisait remarquer que si le dernier article de la loi donnait au Conseil d'Etat le droit de faire un règlement d'administration publique touchant l'assurance, ce texte n'autorisait pas le Conseil d'Etat à déroger aux prescriptions de la loi organique de la Caisse d'assurances; d'où la nécessité d'un texte législatif. C'est au moment où on commençait à discuter cet amendement, que la suite de l'examen du projet a été renvoyée à la session ordinaire.

Dans la séance du 16 février 1894, la Commission a proposé au Sénat l'adoption de l'amendement de M. F. Martin, qu'elle s'était approprié ; cet amendement a été adopté; il est ainsi conçu :

« Tout signataire d'une proposition d'assurance devra répondre aux « questions et se soumettre aux constatations médicales qui seront « prescrites par les polices. En cas de rejet de la proposition, la déci- « sion ne devra pas être motivée.

« L'assurance produira son effet dès la signature de la police.

« La somme assurée sera, dans le cas du présent article, cessible en « totalité dans les conditions fixées par les polices.

« La durée du contrat devra être fixée de manière à ne reporter « aucun paiement éventuel de prime après l'âge de soixante-cinq ans.

Enfin, le Sénat a adopté un dernier paragraphe de l'article 9 ainsi conçu :

« Le chiffre maximun du capital assuré ne pourra pas dépasser la « valeur de ce genre d'habitation fixée par l'art. 6 (1). »

L'adoption de ce paragraphe a été précédée d'une courte discussion tendant à démontrer que les chiffres auxquels on arriverait en modifiant l'art. 9 pour le mettre en harmonie avec le système de détermination de la valeur des maisons ouvrières préconisé par M. le Ministre des Finances n'étaient peut-être pas suffisants.

La Commission du Sénat, d'accord avec le Ministre, proposait de remplacer le paragraphe ci-dessus par les dispositions suivantes :

« Le chiffre maximum du capital assuré ne pourra pas dépasser la « somme déduite du taux de capitalisaton de 4,27 0/0 appliqué au « revenu net énoncé à l'art. 6.

« L'assurance pour la vie entière sur la tête d'une personne assurée « temporairement ne pourra pas dépasser 1.000 fr. »

Après diverses observations présentées par M. Félix Martin, le Sénat a réservé pour la deuxième délibération, la discussion du nouveau système proposé (séance du 16 février 1894).

Le projet primitif contenait un article 10 aux termes duquel, lorsque la construction était faite par une société coopérative ou une société anonyme, ou avec des fonds fournis par une société de crédit, l'Etat pourrait prendre à sa charge une partie des primes annuelles jusqu'à

(1) Voir plus haut, page 46.

concurrence d'un crédit ouvert, chaque année, au Ministère du Commerce par la loi de finances.

Le bénéfice de cette disposition n'aurait pu être réclamé que pendant vingt ans à partir de la promulgation de la loi.

Le projet faisait par là directement appel au concours pécuniaire de l'Etat. On pensait que cela ne pouvait soulever de graves objections étant donné qu'il s'agissait de favoriser des ouvriers laborieux, économes, consentant à s'imposer un lourd sacrifice pour s'assurer la possession d'un foyer. On citait,à titre de précédents, les concours que l' Etat fournit pour la formation du fonds commun de retraite des sociétés de secours mutuels, et les bonifications accordées sur un crédit spécial, en vertu de l'article 11 de la loi du 20 juillet 1886 aux pensions liquidées par anticipation, en cas de blessures et d'infirmités prématurées, en faveur des déposants à la Caisse Nationale des retraites.

Cette disposition a disparu du texte du projet soumis à la Chambre par la Commission. Son principe,empreint du plus pur socialisme d'Etat, en était des plus dangereux; de plus, en pratique, il aboutissait à créer une charge nouvelle pour le Trésor.

C'est donc avec raison que cet article a été supprimé.

D'après M. Cheysson la charge extraordinaire résultant de la prime devrait être couverte par les ressources extraordinaires provenant des primes de travail ou de la participation aux bénéfices (1).

Section II.

Modifications aux lois en matière de partage.

L'article relatif à cette matière commence par déterminer les maisons auxquelles s'appliquent les réformes; il indique ensuite les réformes elles-mêmes.

Le premier alinéa de l'article 11 du projet primitif portait ceci :

« Lorsqu'une maison individuelle construite ou aménagée par l'une
« des sociétés prévues à l'article 7, § 3, figure dans une succession dévolue
« aux descendants et que cette maison est occupée, au moment du décès,
« par le défunt, son conjoint ou l'un de ses enfants, il est dérogé aux
« dispositions du Code civil ainsi qu'il est dit ci-après :

Les sociétés prévues à l'article 7, § 3, étaient les sociétés coopératives ouvrières de construction et les sociétés anonymes de construction ou de crédit à bénéfices limités. L'article ne parle que des maisons individuelles; c'étaient les seules à propos desquelles la question pouvait se poser, les maisons collectives étant louées et non pas vendues.

L'article 10 du projet adopté par la Chambre parlait des maisons

(1) Etude sur le « *Budget de la prévoyance* » lue à l'Assemblée générale de la Société des habitations françaises à bon marché de 1894.

construites ou aménagées par une Caisse d'épargne ou une des sociétés prévues à l'article 7.

Le texte proposé au Sénat par sa commission comblait une lacune importante en mentionnant la maison construite par l'intéressé lui-même ; il ne parlait pas des maisons construites par les bureaux de bienfaisance, hospices et hôpitaux.

Lors de la discussion devant le Sénat (séance du 16 février 1894) on a déclaré que l'on excluait les maisons construites par les Caisses d'épargne, conformément au principe énoncé plus haut, en vertu duquel tout ce qui concernait les Caisses d'épargne devait être renvoyé à la loi spéciale.

On a ajouté au contraire les maisons construites par les bureaux de bienfaisance, hospices ou hôpitaux et on a voté le texte suivant :

« Lorsqu'une maison individuelle, construite ou aménagée par les « intéressés eux-mêmes, par les bureaux de bienfaisance, hospices et « hôpitaux, ou par l'une des sociétés prévues à l'art. 7, figure dans « une succession, etc., etc. »

Passons maintenant aux réformes ; il suffira de rapporter le texte adopté, identique du reste au texte du projet primitif :

1° Si parmi les ayants-droits se trouvent un ou plusieurs mineurs, l'indivision peut être maintenue jusqu'à l'âge de leur majorité. Le maintien de l'indivision est prononcé par le juge de paix après avis du conseil de famille.

2° Chacun des héritiers et le conjoint survivant, s'il a un droit de co-propriété, a la faculté de reprendre la maison sur estimation.

Lorsque plusieurs intéressés veulent user de cette faculté, la préférence est accordée d'abord à celui que le défunt a désigné, puis à l'époux s'il est co-propriétaire pour moitié au moins. Toutes choses égales, la majorité des intéressés décide. A défaut de majorité, il est procédé par voie de tirage au sort.

S'il y a contestation sur l'estimation de la maison, cette estimation est faite par le Comité des habitations à bon marché et homologuée par le juge de paix.

Si l'attribution de la maison doit être faite par la majorité ou par le sort, les intéressés y procèdent sous la présidence du juge de paix, qui dresse procès-verbal des opérations. (Projet primitif, art. 10. — Chambre, art. 11. — Sénat, art. 11.)

CHAPITRE VIII
Exemptions d'impôts.

Section I.
Contributions directes.

L'art. 12 du projet primitif affranchissait de la contribution foncière et de la contribution des portes et fenêtres les maisons individuelles, édifiées par les sociétés de construction indiquées à l'art. 7 § 3. (Sociétés coopératives et sociétés de construction à bénéfices limités.)

Les demandes d'exemption devaient être adressées au directeur départemental des Contributions directes, qui aurait décidé après avis du Comité local. L'exemption ne pourrait être réclamée que pendant 12 ans. Elle devait être annuelle et finir de plein droit si la maison cessait d'être occupée par l'ouvrier en vue duquel elle avait été construite, son conjoint ou ses enfants.

Le projet, comme on le voit, n'admettait qu'une exemption temporaire. Dans ces conditions, l'exemption devenait une prime à la construction plutôt qu'un privilège.

Le projet de la Chambre des députés admettait le même système ; mais il mentionnait en outre comme devant jouir de l'exemption, les maisons collectives et les maisons construites par les Caisses d'épargne.

L'article 11, voté par le Sénat, est plus général encore et exempte les maisons individuelles ou collectives destinées à être louées ou vendues dans les conditions prévues à l'art. 6 (1) de la loi et celles qui sont construites par les intéressés eux-mêmes.

L'exemption, en somme, s'applique à toutes les maisons ouvrières, quel que soit leur constructeur, pourvu qu'il rentre dans la catégorie de ceux prévus par la loi. La mention des Caisses d'épargne a disparu pour le motif déjà indiqué.

L'exemption est annuelle et ne dure plus que 10 ans à partir de l'achèvement de l'immeuble. Elle finit de plein droit si l'habitation cesse d'être occupée à titre de propriété ou de location par les personnes que la loi a voulu favoriser.

L'art. 11, voté par le Sénat, ajoute ce qui suit :

« Pour être admis à jouir du bénéfice de la présente loi, on devra « produire dans le formes et délais fixés par l'art. 9, § 3 de la loi du « 8 août 1890, une demande qui sera instruite et jugée comme les

(1) Voir plus haut, page 46.

« réclamations pour décharge ou réduction des contributions directes.
« Cette déclaration pourra être formulée dans la déclaration exigée par « le même article de ladite loi de tout propriétaire ayant l'intention « d'élever une construction passible de l'impôt foncier.

« Les parties des bâtiments dont il est question au présent article, « destinées à l'habitation personnelle donneront lieu, conformément à « l'art. 2 de la loi du 4 août 1844, à l'augmentation du contingent « départemental dans la contribution personnelle mobilière, à raison « du vingtième de leur valeur locative réelle, à dater de la troisième « année de l'achèvement des bâtiments comme si ces bâtiments ne « jouissaient que de l'immunité ordinaire d'impôt foncier accordée par « l'art. 88 de la loi du 3 frimaire an VII aux maisons nouvellement « construites ou reconstruites. »

Les habitations construites antérieurement à la promulgation de la présente loi, dans les conditions spécifiées par le premier paragraphe du présent article, seront admises au bénéfice de cette exonération pour la période de temps restant à courir sur les dix années suivant la date de leur construction.

L'article, comme on le voit, est très complet; il parle de la contribution personnelle mobilière dont les textes antérieurs ne disaient mot et vise les maisons déjà construites au moment de la promulgation de la loi.

Section II

Enregistrement

A. — *Impôt sur les locations.* — La loi est muette sur ce point; cet impôt continuera donc a être perçu, il est d'ailleurs peu important (0,25 °/₀ décimes compris).

B. — *Droit de transmission sur les ventes.* — Le projet primitif (art. 13), réduisait ces droits de moitié; de plus, il accordait pour la moitié restant due, la faculté de fractionner le paiement en 5 termes annuels.

La considération des intérêts du Trésor a amené la Chambre à maintenir le droit dans son entier.

Quant au fractionnement du droit à payer, il est restreint au cas où le prix de vente aura été stipulé payable par annuités.

L'art. 12, voté par le Sénat, est conçu dans les termes suivants :

« Les actes constatant la vente aux personnes visées par l'art. 1er « de maisons individuelles construites par les bureaux de bienfaisance, « hospices ou hôpitaux ou par les sociétés mentionnées à l'art. 7 sont « soumis aux droits de mutation établis par les lois en vigueur.

« Toutefois, lorsque le prix aura été stipulé payable par annuités, « la perception de ce droit pourra, sur la demande des parties, être

« effectuée en plusieurs fractions égales sans que le nombre de ces frac-
« tions puisse excéder celui des annuités prévues au contrat de vente,
« ni être supérieur à cinq. Il sera justifié de la qualité de l'acquéreur
« par un certificat du maire de sa résidence. Quant aux conditions impo-
« sées en ce qui concerne l'immeuble par l'art. 6, il en sera justifié par
« un certificat du maire de la commune de la situation de l'immeuble.
« Ces deux certificats seront délivrés sans frais, chacun en double
« original, dont l'un sera annexé au contrat de vente et l'autre déposé
« au bureau de l'enregistrement lors de l'accomplissement de la for-
« malité.

« Le paiement de la première fraction du droit aura lieu au moment
« où la formalité sera donnée au contrat ; les autres fractions seront
« exigibles d'année en année et seront acquittées dans le trimestre qui
« suivra l'échéance de chaque année, de manière que la totalité du droit
« soit acquittée dans l'espace de quatre ans et trois mois au maximum,
« à partir du jour de l'enregistrement du contrat.

« Dans le cas où, par anticipation, l'acquéreur se libérerait entièrement
« du prix avant le paiement intégral du droit, la portion restant due
« deviendrait exigible dans les trois mois du réglement définitif.

« Les droits seront dus solidairement par l'acquéreur et par les
« hospices ou les sociétés.

« L'enregistrement des actes visés au présent article sera effectué dans
« les délais fixés et, le cas échéant, sous les peines édictées par les lois en
« vigueur. Tout retard dans le paiement de la seconde fraction ou des
« fractions subséquentes des droits rendra immédiatement exigible la
« totalité des sommes restant dues au Trésor. Si la vente est résolue avant
« le paiement complet des droits, les termes acquittés ou échus depuis
« plus de trois mois demeureront acquis au Trésor. Les autres tomberont
« en non-valeurs.

« La résolution volontaire ou judiciaire du contrat ne donnera ouver-
« ture qu'au droit fixe de 3 francs. »

Ce texte présente trois points intéressants :

1° La solidarité du vendeur et de l'acquéreur pour le paiement du droit. La Régie peut, en principe, demander le paiement des droits auxquels un acte est soumis à toute partie qui a figuré dans cet acte. Mais on admet qu'il n'y a là qu'une obligation *in solidum* et non une obligation solidaire (1). Notons toutefois que certaines décisions tendent à assimiler l'obligation *in solidum* à l'obligation solidaire.

2° L'abandon par le Trésor d'une partie des droits dus sur la vente en cas de résolution de celle-ci.

3° L'application du droit fixe de 3 francs à la résolution. C'est une

(1) *Manuel théorique du Notariat de E. Clerc*, t. 2, p. 431-432; Notes.

exception aux principes admis par l'Enregistrement qui assimile la résolution à une rétrocession.

A propos de cet article, M. Diancourt, rapporteur, a posé à M. Liotard-Vogt, Directeur général de l'Enregistrement et Commissaire du gouvernement pour la discussion de la loi, la question de savoir comment serait régie l'hypothèse où un ouvrier s'adresse à une société de construction pour lui demander de bâtir une maison à un prix et dans des conditions déterminés.

M. le Commissaire du gouvernement a répondu qu'il faudrait distinguer entre le cas où l'ouvrier achèterait une maison à construire (hypothèse parfaitement possible en droit) et le cas où l'ouvrier achèterait le terrain en faisant accessoirement un marché pour la construction de la maison. Dans le premier cas, le droit de vente immobilière est dû pour le terrain et le prix des constructions ; dans le second, on doit le droit de vente pour le terrain, et le droit de marché (1 %) pour le prix de la construction.

Pour savoir quelle est la perception à effectuer dans un cas déterminé, il faut voir d'après les termes du contrat s'il contient une convention unique de vente ou bien deux conventions : l'une de vente, l'autre de marché.

M. le Commissaire du gouvernement a ajouté, en parlant du cas de résolution et de la faveur faite par l'application du droit fixe, que cette faveur ne s'appliquerait que dans le cas où, à l'origine, il y aurait eu un contrat de vente pour le tout. S'il y a eu un marché pour la construction, le vendeur ne pourra rentrer en possession de l'immeuble qu'en payant le droit de vente sur les constructions.

Dans le premier cas, un droit de vente aura été déjà perçu. La mutation restant sans suite par l'effet de la résolution, on comprend que la loi ne demande qu'un droit fixe. Dans le second cas, le constructeur acquerra la propriété des constructions. Il faut donc payer le droit de vente. (Séance du 16 février 1894.)

C. — *Droits sur les prêts hypothécaires. (Droit d'obligation :* 1,25 % déc. comp. — *Droit d'inscription :* 1,25 % déc. comp.)

La loi est muette sur ce point. Cependant les frais des obligations hypothécaires sont assez considérables. Une atténuation de ces frais serait un bon moyen de favoriser les prêts.

D. — *Droits de mutation par décès.* — L'art. 13 du projet primitif portant réduction de moitié des droits de mutation dus sur les maisons individuelles pouvait être interprété en ce sens qu'il s'appliquait même aux droits de mutation par décès.

L'art. 12, voté par le Sénat, ne vise que les actes constatant les ventes et a fait disparaître toute équivoque.

La modicité des droits de mutation en ligne directe ou entre époux enlevait du reste son intérêt à la question. Le droit est plus élevé en ligne collatérale. Mais on a pensé que, dans ce cas, l'acquisition de la maison constituait une chance à l'égard de laquelle il n'y avait pas lieu de faire échec au droit commun.

CHAPITRE IX

Avantages accordés aux sociétés de construction ou de crédit.

Les avantages accordés à ces sociétés sont des avantages fiscaux.

On sait que les sociétés par actions sont en quelque sorte les esclaves du fisc. Devançant les exigences des socialistes, la loi a ajouté pour elles aux impôts de droit commun des impôts spéciaux qui, quelquefois, font double emploi avec ces derniers. Les facilités de la perception l'ont tentée ; pour en augmenter la sûreté, elle a armé la régie d'un droit d'investigation très étendu dans les livres et la comptabilité ; elle est à même, par là de se rendre compte de toutes les affaires des assujettis.

Les taxes d'enregistrement, variées et lourdes, augmentent d'une manière très appréciable les frais d'établissement des sociétés ou leurs frais généraux. Une loi qui tendait à favoriser la construction des habitations à bon marché et qui trouvait dans les sociétés l'un des facteurs les plus efficaces de ce progrès devait se préoccuper de leur situation et chercher à l'alléger.

L'art. 14 du projet de M. Siegfried disait que tous les actes intéressant les sociétés coopératives ouvrières de construction seraient affranchis des droits de timbre et d'enregistrement.

De plus l'art. 14 exemptait de la taxe des biens de main-morte les maisons individuelles édifiées par les sociétés coopératives ou les sociétés anonymes de construction pour être vendues aux ouvriers par annuités

Ces dispositions ont été précisées soit dans le projet adopté par la Chambre des députés, soit dans le projet adopté par le Sénat.

Nous allons relever les points communs et les différences de ces deux projets en parcourant les diverses taxes que les sociétés ont à acquitter.

Timbre. — L'art. 13, al. 1, du projet adopté par la Chambre dispensait du timbre les actes nécessaires à la constitution et à la dissolution des sociétés visées par le projet. Le projet de la Commission du Sénat précise en parlant des sociétés existantes ou à créer (sociétés de construction, sociétés de crédit).

L'art. 13 voté par le Sénat exige, pour l'application de la dispense, que les sociétés remplissent les conditions prévues par l'art. 68, § 3, n° 4 de la loi du 22 frimaire, an VII (1).

(1) Ce texte vise les actes de constitution ou de dissolution qui ne portent ni obligation, ni libération, ni transmission de biens, meubles ou immeubles, entre les associés ou autres personnes,

Les pouvoirs en vue de la représentation aux assemblées générales sont dispensés du timbre.

Dans tous les projets on maintient l'application du droit de timbre sur les quittances. (Loi du 23 août 1871, art. 18).

Enregistrement. — Les actes nécessaires à la constitution et à la dissolution sont enregistrés gratis. Le projet voté par le Sénat subordonne aussi cet avantage à l'observation du texte de la loi du 22 frimaire an VII, cité plus haut.

Timbre des titres d'actions et d'obligations. Ce droit reste applicable pour toutes les sociétés (art. 13).

L'art. 14 du projet adopté par le Sénat porte que l'abonnement au timbre souscrit pour leurs actions, par les sociétés de construction ou de crédit, ne subira aucune réduction quelle que soit la diminution du capital social; mais en cas d'émissions nouvelles, les droits de timbre resteront les mêmes tant que le capital social précédemment soumis à l'abonnement ne sera pas dépassé.

La première partie de cet article consacre le principe admis par la jurisprudence relativement au paiement du droit de timbre par abonnement. L'abonnement est contracté, à l'origine de la société, pour toute sa durée et pour le nombre de titres créés. Si ce nombre de titres vient à diminuer par suite d'une diminution de capital, l'abonnement continue a être payé sur le nombre initial.

Mais la seconde partie apporte une dérogation très équitable à la même jurisprudence. Il serait très désirable de la voir étendre à toutes les sociétés. Actuellement, quand après une diminution le capital vient à être augmenté, un nouvel abonnement est contracté pour les titres nouvellement émis et on paie sur le montant cumulé des anciens et des nouveaux. L'article ci-dessus écarte cette solution au moins tant que les augmentations n'atteindront pas le nombre initial de titres.

Le projet voté par la Chambre des Députés ne visait, sur ce point, que les sociétés coopératives de construction.

Le projet du Sénat étend la dérogation aux sociétés de construction et de crédit.

Droit de transmission sur les titres au porteur et de transfert sur les titres nominatifs. — Le silence du projet de loi sur ce point laisse subsister en son entier le droit commun. (Loi 23 juin 1857).

Impôt sur le revenu. — L'article 15 du projet voté par la Chambre exemptait de cet impôt le revenu des actions et parts d'intérêt des sociétés coopératives ouvrières de construction. L'article 15 du projet voté par le Sénat étend l'exemption à toutes les sociétés de construction ou de crédit. — Mais elle est subordonnée à deux conditions, savoir:

Que les statuts imposent pour ces titres la forme nominative.

Que le capital souscrit, d'après le chiffre constaté par le dernier inventaire, divisé par le nombre des associés ne dépasse pas la somme de 2.000 francs.

Au delà de cette limite, le droit commun sera applicable.

Les sociétés existantes jouiront du même avantage sous les mêmes conditions.

Cette faveur paraît être assez restreinte. On aurait pu l'étendre davantage surtout pour les sociétés qui limiteront le revenu des actions. Pour celles-ci, on pourrait stipuler ou bien que l'impôt ne sera pas perçu ou bien qu'il sera prélevé sur la portion de bénéfices excédant la part revenant aux actionnaires d'après les statuts.

Impôt sur les primes de remboursement des obligations. — La loi n'avait pas à s'occuper de cet impôt qui touche les obligataires. Ceux-ci prêtent leur argent en considération de l'intérêt qu'on leur donne ; il est inutile de leur faire une faveur.

Taxe des biens de main-morte. — Nous parlons ici de cet impôt parce qu'il constitue un impôt d'enregistrement quoiqu'il soit, pour la perception, confondu avec les impôts directs. Il remplace en effet, pour les immeubles appartenant aux personnes morales, notamment aux sociétés anonymes, la taxe sur les mutations par décès que l'État ne perçoit pas sur ces biens.

On a vu plus haut que la taxe créée par la loi du 10 février 1849 a subi de par la loi du 14 décembre 1875 une limitation importante. En sont exemptés en effet, les sociétés anonymes ayant pour objet exclusif l'achat et la vente d'immeubles. — La taxe continue d'être perçue pour les immeubles exploités par la société ou qui ne sont pas destinés à être vendus.

Cette exception à la loi de 1849, se justifie fort bien ; les immeubles dont il est question ne sont pas, en effet, destinés à rester indéfiniment dans les mains des sociétés de construction. Les sociétés les construisent pour s'en défaire. La justification de l'impôt n'existe plus dans ce cas.

L'art. 12 du projet primitif exemptait de la taxe les maisons individuelles édifiées par les sociétés de construction ou les coopératives pour être vendues. Cette exemption était inutile en présence de la loi de 1875.

La mention en avait disparu du projet adopté par la Chambre des députés. Le projet du Sénat la faisait revivre et l'appliquait aux maisons individuelles ou collectives destinées à être louées ou vendues. Il y avait là, en ce qui concerne les maisons destinées à être louées, une sérieuse dérogation à la loi de 1849. Elle a disparu du projet voté par le Sénat (art. 11). M. Diancourt, rapporteur, a expliqué que la commission regrettait beaucoup d'avoir été obligée de renoncer à cette exemption qu'elle considérait comme devant être en quelque sorte de droit. M. le Ministre des finances aurait demandé ce sacrifice, en faisant observer qu'il y avait là une porte ouverte par laquelle pourraient passer, au grand détriment du Trésor, beaucoup d'autres institutions également dignes d'intérêt. M. le Ministre faisait sans doute allusion par là aux personnes morales consacrées au soulagement des malheureux.

M. Buffet a souligné ce point en ajoutant qu'il se réservait d'en faire l'objet d'observations étendues lors de la deuxième lecture.

CONCLUSION

Dans la dernière partie de son rapport sur la section XI de l'Exposition d'Economie sociale, M. Picot exposait les conclusions auxquelles l'amenait l'examen des faits, analysés avec le talent d'un sociologue et d'un moraliste accompli.

Il fallait tout d'abord éviter de demander des secours d'argent au budget de l'Etat ou à celui des Communes afin d'éviter une concurrence qui paralyserait l'initiative privée.

Toutefois, M. Picot ne repoussait pas d'une manière absolue l'ingérence de l'Etat. L'enquête et la statistique sont de son ressort. Il lui appartient de constater des faits et de contribuer, en les divulguant, à faire l'éducation du pays. Cette mission pourrait être confiée à un bureau du travail analogue à celui des Etats-Unis, si on se décidait à le créer.

L'Etat devait encore faciliter l'accès de la propriété aux ouvriers et la liquidation de leurs petites successions en rendant les charges fiscales moins lourdes, et en simplifiant les formalités légales. Il devait aussi donner à la demeure de la famille la stabilité qu'elle réclame par l'introduction dans nos lois d'une institution analogue au *homestead.*

Enfin, M. Picot pensait qu'on pouvait autoriser les Caisses d'Epargne à employer leur fortune personnelle et même une partie de leurs fonds de dépôt à la construction de maisons ouvrières.

Ces divers points peuvent se rattacher à deux idées principales :

A. — *Exclusion du socialisme d'Etat.*

B. — *Légitimité d'une législation d'exception*

A

M. Picot répudiait le socialisme d'Etat, car, en cette matière, il ne donnait à l'Etat que la mission de constater la situation actuelle pour mieux faire ressortir la nécessité d'une réforme que l'initiative privée était chargée de réaliser grâce aux facilités données par la loi.

Le projet de loi a été un peu plus loin et s'est montré moins rigoureux que M. Picot.

Les promoteurs ont pris sans doute bien soin de dire qu'ils écartaient le principe de l'intervention directe de l'Etat parce qu'elle découragerait l'initiative privée et qu'ils entendaient voir dans cette dernière le plus énergique et le plus sûr moyen d'arriver peu à peu à la réalisation la plus large des améliorations désirables.

Mais en même temps, entraînés par l'exemple de la Belgique, ils ont pensé qu'il était bon de mettre l'initiative privée sous le patronage de l'Etat. Ils ont vu, à cela, un double avantage :

A. — Donner à la question, encore peu connue, un caractère officiel et en propager la notion par les moyens que la loi met à la disposition des Comités d'habitations ouvrières.

B. — Rendre plus efficace l'initiative privée en attirant vers ses créations la confiance du public toujours porté à avoir foi dans les entreprises patronnées par l'Etat.

Théoriquement, cela est fort bien ; mais en pratique, ne peut-on pas craindre que, par la force des choses, les comités organisés par la loi ne deviennent un rouage administratif mettant la question des habitations à bon marché dans les mains de l'Etat ? C'est ce qui paraît devoir arriver sûrement avec le mode de nomination des membres des Comités adopté par le Sénat. Le projet primitif donnait à ces Comités une certaine indépendance en confiant la nomination de leurs membres à diverses autorités parmi lesquelles le Préfet, représentant le gouvernement, avait sa juste part d'influence.

Le projet adopté par le Sénat, moins libéral que la loi Belge qui a maintenu le droit des conseils proviciaux, donne au Préfet le droit de nomination pour tous les membres. Ce système nous paraît inférieur au premier.

Nous ne parlons pas ici de la disposition d'après laquelle les avantages offerts par la loi sont réservés aux sociétés de construction qui auront limité le chiffre du dividende à distribuer aux actionnaires. On ne peut pas accuser le projet de faire intervenir la loi dans la conclusion des contrats privés. Il n'a fait qu'imposer une règle que la plupart des sociétés existantes ont déjà librement adoptée pour bien marquer le but philanthropique qu'elles se proposaient.

Le nouveau projet de loi a été l'objet de critiques assez vives, dans l'une des dernières séances de la société d'Economie Politique de Paris, de la part de quelques-uns de ses membres, ennemis du socialisme d'Etat. (1)

M. Cheysson, l'un des plus distingués et infatigables promoteurs de l'amélioration du logement ouvrier a énergiquement défendu le principe de l'intervention de l'Etat en cette matière.

En rendant hommage aux efforts des patrons en faveur de leurs ouvriers, à la campagne, autour de leurs usines, il a constaté que dans les grandes villes tout restait encore à faire ; sans doute, on trouve dans nombre de villes des exemples remarquables de ce que peut l'initiative

(1) Séance du 5 février 1894. — *Les Lois ouvrières au point de vue de l'intervention de l'Etat.*

privée ; mais il faut avouer que leurs résultats sont bien disproportionnés avec le mal Des enquêtes ont révêlé l'étendue de ce mal qui, au point de vue de la santé et de la moralité publiques prend les proportions d'un véritable péril national. Avec beaucoup d'efforts, on a pu à peine arriver à donner un abri convenable à quelques centaines de familles ; cela ne suffit pas !

Il faut arriver par la coalition de l'Etat, des associations et des individus, en s'inspirant de ce qui a été fait dans des pays voisins, à créer un vaste mouvement qui hâte et généralise la solution. L'intervention du Gouvernement se justifie fort bien ; le projet soumis aux Chambres est un véritable type de l'intervention légitime de l'Etat.

Quoiqu'il en soit, et sous le bénéfice des observations qui précèdent, il faut bien reconnaître qu'il est permis d'employer tous les moyens légitimes pour arriver à réaliser une réforme aussi désirable au point de vue de la morale qu'à celui de l'utilité sociale. Si l'intervention de l'Etat est nécessaire, il est certain, comme l'a dit M. Cheysson, que les rédacteurs de notre projet de loi, l'ont réduite dans des limites très acceptables. C'est un mérite dont on doit leur savoir gré à une époque où on ne craint pas d'imposer l'immixtion de la collectivité dans tous les faits de la vie sociale.

B.

Nous arrivons au second point : la légitimité d'une législation d'exception.

Ce point ne pouvait pas soulever d'objection sérieuse. Le but visé par les promoteurs du projet de loi aurait, à lui seul, justifié quelques exceptions aux principes généraux de notre législation ; on pouvait, d'ailleurs, citer un certain nombre d'hypothèses où on a fait fléchir ces principes pour favoriser le développement d'une institution nouvelle.

Les innovations sont d'ordre économique, d'ordre juridique ou d'ordre fiscal.

Les premières (autorisations de construire, de prêter ou de traiter des assurances données à certaines institutions) peuvent être de nature à favoriser d'une manière très heureuse le développement des habitations à bon marché. Ces institutions toutefois devront agir très prudemment pour concilier la fonction nouvelle que la loi leur confère avec la sécurité qu'elles doivent donner aux capitaux dont elles ont la gestion.

Au point de vue juridique, les innovations se résument dans les changements apportés aux règles des partages. Elles nous paraissent avoir une très grande portée. En permettant à la famille privée de son chef de conserver le foyer domestique, elles aideront puissamment à la formation de nouvelles recrues pour la classe moyenne qui, au milieu de la destruction qui menace les grandes fortunes, formera de plus en plus la grande et solide base de la Société.

Ce qui nous paraît excellent au point de vue des habitations ouvrières ne serait pas moins bon à l'égard des petites exploitations rurales. Le cultivateur qui vit sur un très petit bien demanderait avec raison, semble-t-il, à jouir des mêmes avantages. Le même intérêt, à savoir la conservation du bien de famille et par là même la conservation de la famille est en jeu. Il est vrai que les donations, les testaments et les arrangements de famille, traditionnels dans ce milieu, viennent atténuer le mal produit par une loi aveugle et coûteuse. Mais il vaudrait encore mieux accorder directement aux habitants de nos campagnes le bénéfice de la loi.

Les réformes fiscales visent les particuliers ou les sociétés. Tout en constatant la bonne volonté dont nos législateurs ont fait preuve, on peut regretter qu'ils ne se soient pas montrés plus libéraux.

Dans toute entreprise, les droits d'enregistrement et autres impôts sont un élément très important des calculs de l'entrepreneur. L'augmentation sans cesse croissante des charges publiques ne fera qu'ajouter à cette importance ; on recule souvent devant une affaire à cause des frais qu'elle doit entraîner. Il faut reconnaître, d'ailleurs, que les exigences du budget expliquent la parcimonie du Parlement. Mais il nous semble que l'on aurait dû penser que le développement de l'habitation à bon marché devait se traduire par un accroissement de la matière imposable et par là même, en définitive, par des augmentations de produit. Les conséquences de l'abaissement des taxes postales et des tarifs de chemins de fer en sont la preuve.

APPENDICE

La deuxième délibération sur le projet de loi au Sénat. — Renvoi à la Commission.

Le projet de loi est revenu en deuxième délibération au Sénat, dans la séance du 19 juin dernier, sous le titre officiellement adopté cette fois de : *Projet de loi sur les habitations à bon marché.*

Après un débat très animé, le Sénat a renvoyé le projet à la Commission, faisant ainsi avorter, d'une manière déplorable, les efforts des promoteurs d'une réforme éminemment utile et qui, nous l'espérons, ne sera que retardée.

Les questions sur lesquelles la discussion a surtout porté sont les suivantes :

1° Esprit général du projet.

2° Mode de nomination des membres des Comités.

3° Mise à la charge des départements des frais des Comités.

4° Détermination des personnes appelées à bénéficier de la loi.

5° Emploi des fonds de certaines Caisses de l'Etat en prêts pour la construction de maisons ouvrières.

6° Limitation des bénéfices imposée aux sociétés qui voudraient profiter des avantages de la loi.

Sur le premier et le second points, on a soutenu qu'il y avait une contradiction complète entre les principes énoncés dans l'exposé des motifs et les rapports d'une part, et l'ensemble des dispositions de la loi d'autre part.

Le projet prétendait faire appel à l'initiative individuelle et vouloir seulement l'aider et favoriser son action. Or, en fait, le mouvement de propagation de l'idée est mis sous la main du gouvernement par l'institution des comités, leur mode de nomination et la nécessité de leur contrôle. Il n'y a donc plus de place pour l'initiative privée, pour les entreprises libres, dont le public se détournera pour se porter vers les institutions revêtues de l'estampille officielle.

On a vu plus haut *(Conclusion)* ce qu'il fallait penser du reproche de socialisme d'Etat. D'autre part, on sait que nous avons nous-même critiqué le système adopté par le Sénat pour la nomination des membres des Comités. C'est là surtout que se manifeste l'influence donnée à l'Administration. Il serait à désirer que l'on revienne, puisque l'occasion s'en présente, au système adopté par la Chambre des Députés sur ce point.

Sur le troisième point, le Sénat a transformé en dépenses facultatives, pour les départements, les frais des Comités locaux.

Sur le quatrième point, l'article premier, présenté de nouveau au Sénat, avait été modifié. Il visait les employés, artisans, ouvriers agricoles ou industriels vivant principalement de leur travail ou d'un salaire et n'étant propriétaires d'aucune maison ni d'aucune propriété non bâtie d'une valeur supérieure à 1.000 francs.

Cette formule était plus compréhensive que l'ancienne ; toutefois, elle excluait encore les personnes qui vivent sans travailler ou qui possèdent un immeuble supérieur à 1.000 francs.

On a montré qu'une limitation quelconque était inopportune. Nous nous bornerons à nous référer au Chapitre III de la seconde partie de notre travail.

Arrivant à l'application des fonds de diverses Caisses gérées ou surveillées par l'Etat en prêts pour la construction de maisons à bon marché, on a fait observer :

A. — Qu'il n'y avait pas lieu de reproduire dans la loi des dispositions du projet spécial aux Caisses d'épargne.

B. — Qu'il fallait mettre hors de cause la Caisse des dépôts et consignations afin de ne pas l'engager dans des affaires difficiles à traiter et surtout à liquider.

C. — Que, du reste, cette Caisse, pas plus que les Caisses d'assurances en cas de décès ou en cas d'accidents, n'avaient de fonds véritablement disponibles pouvant être applicables à la destination visée par la loi.

D. — Enfin qu'il ne fallait pas faire, dans la législation actuelle sur ces diverses Caisses, une brèche par laquelle de nombreuses œuvres philanthropiques, qui ne sauraient vivre sans le secours de l'Etat, demanderaient à passer.

Sur ces divers points, le Sénat a prouvé, en repoussant plusieurs articles du projet, qu'il partageait la manière de voir des auteurs des objections. Il ne reste plus dès lors, en faveur des habitations à bon marché que le bénéfice des dispositions du projet de loi sur les Caisses d'épargne. Or, leur action, restreinte dans d'étroites limites, comme on l'a vu plus haut, n'apporte pas un concours bien efficace à notre institution.

Il est à regretter que le Sénat ait cru devoir se montrer si timide. L'exemple de la Caisse nationale d'épargne de Belgique, qui pratique avec succès depuis 1889 les prêts en faveur des habitations à bon marché, aurait dû lui montrer que les dangers de cette opération n'étaient pas si grands qu'on voulait bien le dire.

D'autre part, la limitation obligatoire des bénéfices des actionnaires des sociétés de construction ou de crédit a été présentée comme pouvant constituer un obstacle à l'extension des logements économiques qui ne peuvent se développer qu'avec l'aide des capitaux privés.

Nous savons que, sur ce point, les rédacteurs du projet de loi pouvaient s'autoriser des statuts d'une série de Sociétés qu'une pareille limitation n'empêche pas de vivre et de prospérer.

Comme on le voit, le projet a été examiné à un point de vue un peu étroit. On a incriminé ses tendances politiques et les inconvénients qu'il pouvait avoir au point de vue financier sans se préoccuper du but humanitaire et social poursuivi par ses promoteurs. Or, c'était là le principal intérêt qu'il présentait. Il modifiait certaines règles établies depuis longtemps et considérées comme essentielles. Mais n'est-il pas vrai que nous ne sommes pas faits pour rester soumis éternellement aux mêmes principes? Ne faut-il pas, pour des besognes nouvelles, des instruments nouveaux? Les anciennes lois sont-elles suffisantes pour un état social qui se transforme sous l'influence de forces dont on aperçoit mieux, de jonr en jour, toute l'énergie? Les avantages de notre projet de loi ne doivent-ils pas compenser les inconvénients pouvant en résulter? Voilà des questions que l'on ne peut pas s'empêcher de se poser aujourd'hui.

Il faut absolument chercher à les résoudre au mieux des intérêts en présence. Dans cet ordre d'idées, nous ne pouvons mieux terminer ce travail qu'en reproduisant un article de M. G. Picot paru dans le *Journal des Débats,* au lendemain du renvoi de notre projet de loi à la Commission, sous ce titre :

La loi sur les habitations à bon marché.

« Le Sénat, dans sa séance de mardi, a renvoyé à sa commission la loi sur les habitations à bon marché, après en avoir rejeté plusieurs articles. Ce vote est grave et, si l'on examine de près la discussion, il est la conséquence presque inévitable de malentendus que nul n'a su dissiper.

De l'objet même que poursuit la loi, personne n'a parlé. A lire le compte rendu, on serait tenté de croire qu'il s'agit d'un besoin factice ou d'une entreprise de spéculation. Le « but humanitaire » poursuivi a été dédaigneusement invoqué, et le mot a été jeté en passant, pour attaquer le projet. Nul n'a dit qu'en face de l'encombrement malsain des grandes villes, des progrès terribles de l'alcoolisme, en présence de l'épidémie croissante de la tuberculose qui vient du manque d'air, et de ces chambres uniques, de ces taudis dans lesquels toute une population végète et s'étiole, des devoirs nouveaux s'imposaient à la société ; nul n'a dit que pour ramener la bonne mine et la santé chez ces enfants que l'école voit arriver pâles et malingres, pour rendre des forces à la mère épuisée, pour combattre chez le père, repoussé par le réduit infect, l'attrait presque invincible du cabaret, il fallait rendre le logement attrayant ; nul n'a dit en quelques mots que ce devoir, né de l'accroissement de la population urbaine, avait été compris à Londres, où quelques Sociétés, d'origine philanthropique et de forme commerciale, avaient consacré 200 millions à la reconstitution de la famille et à la lutte contre le cabaret par l'amélioration du logement.

Il eût été bon que le Sénat sût tout cela et surtout qu'il apprît avec quelle force ce besoin nouveau se manifestait depuis quelque temps en France, que de Sociétés se formaient, quels vaillants efforts étaient accomplis dans nos grandes villes, et combien les humbles, ces masses auxquelles il faut apprendre les mœurs de la liberté et les moyens de s'en servir pour le développement normal de leurs besoins légitimes, combien les ouvriers se préoccupaient de grouper leurs épargnes en vue de soustraire leurs familles au fléau d'une lente asphyxie.

« Mais pourquoi, dit-on, ne pas laisser ce mouvement s'accomplir sans la loi ? Si le besoin existe, les Sociétés se formeront toutes seules. Vous demandez une subvention à l'Etat, parce que l'œuvre est condamnée elle-même à périr. »

Tout d'abord, il faut bien s'entendre sur le service demandé à l'Etat. Nous sommes de ceux qui ont horreur du socialisme sous toutes ses formes, parce qu'il sollicite de l'Etat une intervention qui trouble tous les efforts de l'individu. Si le projet avait institué une *subvention* quelconque de l'Etat, du département ou de la commune, nul ne se serait élevé avec plus de force que nous contre une ingérence qui aurait compromis les finances publiques et paralysé l'initiative privée.

Il a semblé, à entendre quelques orateurs, que la proposition avait pour but de ressusciter une de ces caisses déplorables qui, pendant quelques années, ont fonctionné, aux dépens du Trésor, pour alimenter des dépenses sans mesure. Rien n'était plus loin de la pensée des auteurs de la loi.

En ce moment, en France, il y a des institutions qui ont pour effet de drainer les capitaux de tous les départements et de les amener à Paris ; ne pourrait-on pas en prêter — non point en donner — une fraction pour encourager l'initiative privée ? A Lyon, MM. Aynard, Mangini et Gillet ont déterminé la Caisse d'épargne à donner l'impulsion; aujourd'hui l'exemple a agi ; le succès est complet, 88 maisons sont bâties, 1,200 familles logées,les capitaux produisent 5 1/4 0/0; le public apporte son argent. La Caisse d'épargne de Lyon a-t-elle aventuré ses fonds, a-t-elle perdu un centime ? Elle a fait franchir à la Société en formation cette période d'incrédulité qui paralyse l'initiative privée à ses débuts ; cela fait, son rôle est terminé. Est-ce là une subvention ? Les capitaux sont-ils compromis ?

La loi belge de 1889 n'a fait que régulariser et généraliser l'œuvre admirablement tentée à Lyon. La Caisse nationale d'épargne a prêté, avec toutes les garanties de fait et de droit, en 1891, 206,000 fr. ; en 1892, 2,235,000 fr. ; en 1893, 4,768,000 fr. Ces sommes étaient empruntées par 64 Sociétés dont la situation avait été soigneusement examinée et dont le crédit avait paru de premier ordre.

Nous ignorons trop en France combien nos voisins de Belgique étaient en retard, il y a dix ans, l'élan qu'a donné à leurs œuvres sociales leur belle enquête de 1887, les lois de progrès qui en sont sorties, et le mouvement auquel, d'un accord unanime, conservateurs et libéraux ont pris part pour l'heureuse application de ces réformes. Les efforts accomplis pour améliorer l'habitation des Belges sont dignes de notre étude la plus attentive.

Il est singulier que, dans notre récent débat, il ne se soit pas rencontré un orateur qui ait montré quels progrès la loi nouvelle faisait accomplir à la liberté d'association. « On peut créer sans loi des comités libres », a dit un sénateur. Assurément ; mais un comité libre a-t-il, comme l'édictait le projet, la personnalité civile ? Peut-il recevoir des dons et legs ? Sait-on que l'Assistance publique reçoit par an une trentaine de millions ? Si l'on calcule ce que l'initiative privée, malgré des entraves sans nombre, a consacré depuis huit ans en France à l'amélioration des logements, nul doute que nous eussions vu, après le vote de la loi, grâce à l'impulsion de prêts sans péril, un effort considérable.

Il faut s'y résigner : l'immobilité n'est plus de notre temps ; le rejet dédaigneux d'une loi qui est attendue par tous ceux qui veulent améliorer le sort des ouvriers est un mauvais moyen de lutter contre les utopies socialistes qui nous menacent. Défendons la propriété, défendons le capital, défendons le patron et le contrat de louage, mais stimulons en même temps l'initiative et développons l'esprit d'association pour arriver à conquérir la liberté de s'associer, sans laquelle une démocratie, spectatrice de la lutte entre l'individu isolé et l'Etat tout-puissant, est ballottée de l'anarchie au despotisme. Ce qui nous manque, ce sont les mœurs publiques : faisons l'éducation du citoyen en l'initiant à ses affaires, en lui donnant les moyens de réaliser les progrès qu'il souhaite. Quand, de tous côtés, les ouvriers réclament l'instrument d'un effort pratique, ne commettons pas l'imprudence de le leur refuser.

La loi nouvelle ouvrait un champ à leur libre activité. Espérons que le Sénat la reprendra et qu'il ne déclarera pas, à la grande joie de ses ennemis, qu'il croit la France incapable de se servir sans danger d'une loi dont jouit depuis cinq ans la Belgique. »

RÉSOLUTIONS PRÉSENTÉES AU CONGRÈS

I

Il y a lieu de constituer des Comités locaux et un Conseil supérieur des Habitations à bon marché.

II

Une portion des membres des Comités locaux doit être laissée à la désignation du Conseil général, et une autre portion à la désignation des diverses institutions énumérées dans le projet de loi de M. Siegfried.

III

La valeur locative ou vénale maxima des habitations appelées à jouir des avantages qui pourront être concédés par une loi, doit être fixée par cette loi d'après le chiffre de la population de chaque localité.

Cette évaluation doit être révisable tous les 5 ans.

IV

Il n'y a pas lieu de déterminer par une formule, si générale qu'elle soit, les personnes pouvant avoir accès dans les habitations à bon marché comme locataires, ou prétendre à les acheter.

V

Il y a lieu de maintenir l'autorisation donnée au Caisses d'Epargne privées, par le projet de loi spécial voté au Sénat, d'employer une portion de leur fortune personnelle à l'acquisition ou à la construction de logements économiques ; à des prêts pour la construction de ces logements, ou à la souscription d'obligations émises par des sociétés de Construction ou de Crédit.

VI

Il y a lieu d'autoriser la Caisse d'assurances en cas de décès, instituée par la loi du 11 juillet 1868, à contracter des assurances spéciales pour garantir, en cas de décès de l'assuré, emprunteur pour construire, ou acheteur d'une maison à bon marché, le paiement de ce qui resterait dû sur l'emprunt ou le prix d'acquisition au moment du décès.

VII

L'Etat ne doit pas participer au paiement des primes d'assurances.

VIII

Il est à désirer que des sociétés d'épargne, ayant pour but spécial de faire des prêts à leurs associés pour construire ou acheter des habitations à bon marché, soient créées par l'initiative privée et aidées dans leur œuvre par une législation favorable.

IX

La question de savoir si les constructeurs de maisons à bon marché doivent adopter le système de la location ou celui de la vente ne peut pas recevoir de solution absolue.

L'intéressé doit être laissé maître de choisir le parti qui lui est le plus avantageux.

X

Il n'y a pas lieu d'introduire le *homestead* dans la loi française en vue de son application aux habitations à bon marché.

XI

Il y a lieu de maintenir les dispositions du projet de loi de M. Siegfried, sur les changements à apporter aux lois sur les partages.

XII

Il est à désirer que l'on organise, pour les logements à bon marché, une procédure rapide et peu coûteuse pour l'expulsion des locataires qui ne paient pas leur terme.

XIII

Il est à désirer que les municipalités des grandes villes modifient les réglements municipaux relatifs à l'établissement des voies publiques, dans un sens favorable à l'établissement économique des rues bordées d'habitations à bon marché.

XIV

Il est à désirer que, dans les grandes villes, les réglements municipaux touchant la construction des maisons soient modifiés dans un sens économique relativement aux maisons consacrées aux logements à bon marché.

XV

Il est à désirer que les municipalités se prêtent à des arrangements avec les sociétés concessionnaires des services d'eau et d'éclairage, en faveur des habitations à bon marché.

XVI

Pour favoriser le développement des habitations à bon marché, il y a lieu d'accorder à leurs propriétaires, sur les mpôts directs, des remises totales et temporaires.

XVII

La déduction sur le revenu brut, autorisée par la loi pour le calcul de l'impôt foncier sur la propriété bâtie, qui est de 25 0/0, devrait être portée à 30 0/0 pour les maisons à étages, et à 40 0/0 pour les maisons individuelles.

XVIII

Il est à désirer que la loi accorde une réduction des droits d'enregistrement sur les obligations et les inscriptions hypothécaires, en vue de favoriser les prêts hypothécaires pour la construction ou l'acquisition de maisons à bon marché.

XIX

Il est à désirer que la loi conserve un caractère civil aux sociétés de construction ou de crédit, alors même qu'elles se constitueraient sous la forme commerciale.

XX

Il est à désirer que le dividende des actions des sociétés qui ont adopté le principe de la limitation du revenu soit exempté de l'impôt sur le revenu, ou, du moins, qu'il soit décidé que l'impôt sera prélevé sur l'excédent des bénéfices.

TABLE DES MATIERES

DEUXIÈME PARTIE

Les réformes projetées

CHAPITRE PREMIER

CHAPITRE II

CHAPITRE III

CHAPITRE IV

CHAPITRE V

CHAPITRE VI

CHAPITRE VII

CHAPITRE VIII

CHAPITRE IX

15.321. — Lyon. — Imp. Salut Public, rue Molière, 71.